やめない介護スタッフを育てる本

"気づき"と"やる気"をさらに引き出す研修マニュアル

(株)ケア・ビューティフル
山本　陽子
［著］

電気書院

はじめに

　皆さん、こんにちは。本書を手にお取りいただき、ありがとうございます。
　利用者・ご家族の安心と安全を胸に、スタッフの育成に奔走される日々でしょう。数年前の介護現場では「良質な人財の確保が難しい」と言われていましたが、現在は、担い手となる介護職の人材確保が日常的な課題となっています。慢性的な人手不足の中、さらに、離職という二次的な問題もあります。離職が蔓延している施設・事業所では、人財不足を理由とする業務の煩雑化や利用者対応の粗さに麻痺しているスタッフも見え隠れする状況にすら陥っています。そんな心身疲労感がただよう職場では、良質な新入スタッフを採用できたとしても、離職させてしまう悪循環を生み出してしまいます。
　また、介護職の資格習得の改正で、初任者研修において、現場実習は開講先（学校）の任意とされ、入職して、初めて介護現場を観る、初めて高齢者や要介護者と会話をする、という介護職も想定されます。さらには、介護福祉士資格の取得おいても、平成27年度（平成28年1月実施）からの受験要件は実務経験3年に加え、実務者研修が義務づけられますので、学習意欲を含め、スタッフのキャリアアップの支援としても、現任教育の充実化を新たな課題として考えていかなくてはなりません。これからは、人財をマネジメントしていく時代です。マネジメントの1つの方法に、教育研修があります。本書は、教育研修の在り方と研修項目の参考レジュメとその解説集として、各介護現場でご活用いただければと思っています。

◇言葉の整理「辞めさせない？！」

　ここで、本書での言葉の表現を整理しておきますね。本書の姉妹本といっても過言ではない『介護スタッフを辞めさせない本～やる気と気づきを引き出す研修マニュアル』を出版した直後の話です。
　「山本さん、うちのヘルパーが言っていますよ。管理職がしっかりしていたら、誰も辞めない！！って」……た、たしかに。
　「辞めさせない」この言葉には、傲慢なニュアンスがありますが、管理職の方々に、あなたの職場の大事なスタッフを「気づきとやる気の環境を作って、どうか、辞めさせないでくださいね」と思いを込めていました。本書も敢えて、「させる」「しなくてはいけない」「～べき」など、言い切りや強引・傲慢な表現をしていることがあります。教育研修を継続していくには、細やかな配慮と準備、多大なパワーを要します。だからこそ、今は、自らの未熟さや日々のうまくいかない葛藤は棚に上げ、姿勢を正し、あきらめない強い気持ちでいきましょう！！とエールを送るつもりで

綴っています。もちろん、筆者自身もその一人です。スタッフ一人ひとりの顔を思い出し、自分自身のモチベーションを高めましょう。そのためにも、「辞めさせない」この心意気でいきますよ。

◇これからの教育研修の在り方

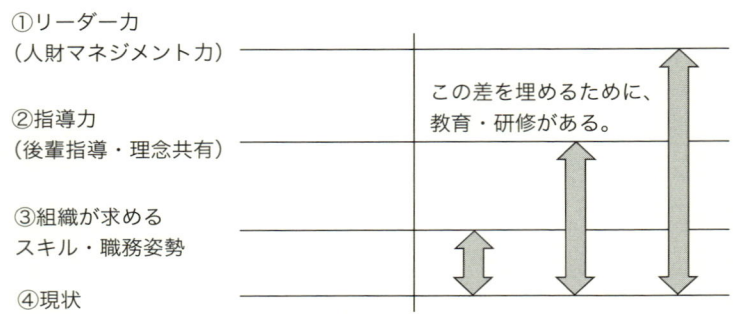

①リーダー力
（人財マネジメント力）

②指導力
（後輩指導・理念共有）

③組織が求める
スキル・職務姿勢

④現状

この差を埋めるために、教育・研修がある。

　介護職は、利用者にとって、統一したケアを提供し続けなくてはなりません。これまでは、現状レベルに対して、組織が求める介護職像になってもらうことが目標（着地）だったかもしれませんが、これからの人財育成には、さらに、後輩を指導・育成できる力が必要となります。なぜなら、介護職の教育指導は、OJTで、利用者情報やサービス提供の方法、業務の流れを、体感型伝言リレーで取得していく割合が大半を占めているからです。それぞれに指導力がなくては、統一したケアにはならず、いつまで経ってもバラバラです。

　また、指導される側、特に新入スタッフは、指導する人による指示・内容の違いで困惑混乱すると言っています。たとえば、利用者への対応です。「佐藤さんはレクリエーションにお誘いしても来ないから誘わなくてよい」と言われていた新入スタッフが、そのとおりに対応していると、他のスタッフは「居室まで行って、強く言ってでも連れ出してきて」と言います。案の定、新入スタッフは不慣れであたふたしてしまい、通りがかった違うスタッフに状況を伝えると「どっちでもいいよ」と、けろっと言います。入浴の際は、「この手順でないとだめ！」と言われて、そのとおり実践すると、他のスタッフから「そんな危険なことをして！」と怒られてしまうなど、これでは、入職して頑張ろうと思っていたスタッフのモチベーションを下げるだけでなく、職場への疑問、不安が起こり、スタッフとの関係性も築きづらくなってしまいます。また、利用者からしてみれば、人によって違う手順や声掛けが続くと、厄介だなと思われても仕方ありません。

あるいは、皆さんが新入オリエンテーションで、言葉遣いや身だしなみの注意を厳しくした後に、既存スタッフが、ピアスやネックレスを輝かせ、「何してるの？！」「後でいくからー」と大声が聞こえてくると、どうでしょうか？

他にも、途中、指導者が不在になり、出勤スタッフに指示を聞いても、「知りません」「わかりません」と返答されたなど、「新入スタッフの指導、よろしく」と言われた人だけしか、指導教育の意識がないことも目立ちます。教育指導といえば、大袈裟に聞こえるかもしれませんが、新しい人を職場に導くという意味で新入スタッフを迎える姿勢は組織の雰囲気を作るうえで、正職員、非常勤職員に関わらず、極めて大切です。（非常勤職員に指導係をさせるということではありません）

統一したケアの根底にある、理念共有、職務姿勢などを伝達し、職場そのものを作り上げていくには、それぞれの指導力が欠かせないのです。

そのうえで、人選された者は、リーダー職を目指します。介護職としては、利用者からの評判もよく、安心したケアを提供できるスタッフでも、リーダー職になると、こちらが期待した力を発揮してくれないことがあります。指導力は、リーダー職の選抜においての目安にもなります。

さらに、次のポイントとして、個人のマネジメント（管理）方法を決定します。組織の標準（レベル）引き上げとして捉えるからこそ、細部で考えることが必要です。

皆さんの職場のスタッフを３名、思い浮かべてください。その３名のスタート（現状）とゴール（組織として期待する最終着地）は違っていませんか？まったく同じというのは、スタッフの個性をよく観察できていないのかもしれませんよ。経営者や管理職は、個人に対しての見立てが必要です。たとえば、ネクタイを例にあげましょう。その人にぴったり似合うネクタイを見立ててください。赤色、水玉、ペイズリー柄。色柄はもちろん、素材、形、結び方など、ネクタイを選ぶにも、相手を知ることが必要です。皆さんの見立て次第で、相手は、介護職としての新しい喜びや職場での自分らしさを見つけるかもしれません。喜びは脳を活性化させると脳科学者は言っています。自分らしさは居心地に深く関係していますから、積極的に、生き生き働いてもらうには、見立ては、とても、重要だとおわかりいただけるかと思います。スタッフ一人ひとりの現状を観て、このように関われば、こうなってくれるだろうと予測を立て、関わりながら、こちらも軌道修正していくのです。見立ては決めつけではありません。組織で活躍する人財として、相手の可能性を具体的に描きながら、教育研修を進めていきましょう。

◇研修の3本柱

さて、研修を成り立たせる3本の柱を説明します。

（1）継続性

　ポイントは、至ってシンプル、難しく考え過ぎないことです。皆さんは、「継続は力なり」をあらゆる場面で体感してきていると思いますが、続けることで、職場の文化になります。ここでいう文化とは、職場の人間が作り出した有形・無形の状態、すなわち、職場そのものを意味しています。ですので、まずは、続けましょう。続けるコツは、業務に組み入れることです。毎月第3火曜日の18：00～、偶数月第2木曜日13：00～、やれない理由を探すより、やれる業務体制を考えるのです。始めは、出席人数より、「やっている」という実績です。実績を省み、知恵を出し合い工夫することで、内容は充実してきます。案ずるより生むがやすし。始めましょう。

（2）連動性

　研修は1回完結がほとんどだと思いますが、学んだことをつなげていきます。
　たとえば、
　　＜生活支援技術カリキュラム＞
　　①　移動介助
　　②　着脱介助
　　③　食事介助
　　④　排泄介助
　　⑤　入浴介助（清潔保持）

　このような流れで、計画を進めていく場合で説明しましょう。②着脱介助では、「着患脱健」を主とした指導をすると思います。しかし、そればかりを意識しすぎで、せっかく、①移動介助で習得したボディメカニクスを置き去りにしているスタッフがいます。このような時に、「足幅は？」「介助者の立ち位置は遠すぎない？」「前回のボディメカニクスを思い出して」と声掛けや講師の身振り手振り声掛けで連動させていくのです。③④⑤は、動作を一連で考えると、移動介助は必須です。③の食事介助では、エプロンなどの装着、食べこぼしがあれば、着替えるので、着脱介助を連動（連想）させます。④の排泄介助でも、着脱介助は手順において必ず出てきます。また、「食べたら、出す。これが健康の基本ですよね」とアナウンスすることで、生活面での連動をアピールできます。⑤の入浴介助（清潔保持）は、排泄の際、清潔にしきれていない場合があるので、陰部や臀部は特に配慮するなど解説していきます。講師の意識によって、これまで習得した技術の復習を兼ねた、連動性のある研修を行うことは可能なのです。

研修と現場の連動についても同じですよ。「習得した知識や技術が現場に反映されない、スタッフの意識が変わらない」といった声も多く聞こえますが、「この前、研修で言ってたよね」「研修で確認したのにもったいない！！」と連動していけばよいのです。私が担当した接遇研修でのことです。「皆さんは大丈夫かと思いますが」と前置きをして、アクセサリーの危険性を促し、他施設でアクセサリーを付けたままの入浴介助の事例を紹介した後、「利用者を主語に物事を考えれば、自ずと外せますよね」と締めくくりました。後日、その施設の管理職に会った時に、「実は、アクセサリーを付けたまま、サービスに入るスタッフが数名いたんです。この前、研修で言ってたでしょ」と後輩指導しているスタッフを観て、私自身がスタッフや現状をあきらめていたと気づきました」と話してくれました。研修と連動指導していくことが復習となり、反映されていくのです。

（3）整合性
　統一性、一貫性にも言い換えられます。まずは、研修自体です。「研修は必ず出席してください。次回は認知症ケアです」と告知しておいて、「今月は忙しいから中止です」では、統一性がありませんよね。研修内容でもそうです。認知症のその人らしさを大事にするケアを講義しておいて、現場で、「その人らしい生活なんて、できるわけないでしょ？」と開き直ってしまうと、スタッフは矛盾を感じてしまうでしょう。「全部は無理かもしれないけれど、その人らしい時間が増えるようにケアをしていきましょうね」指導に矛盾が生じないように注意しましょう。

◇レジュメの活用の仕方

　在宅・施設に関係なく、使用できるようにしています。具体的に、訪問介護や特別養護老人ホームなどの指示があるときは、皆さんの職場に置き換えて資料をご活用いただいても構いませんが、施設系でしか務めたことのない人は、訪問系や通所系のことは一切知らない、関心がないということがありますので、そのまま、使用し、研修内容に盛り込んでいってもよいでしょう。
　研修の順番は、現場の緊急性や必要性の高いものから行ってください。
　なお、知識は、厚生労働者や各行政機関など、公的に発表している方針や内容を参考にしています。

CONTENTS

はじめに III

1 介護職の職業倫理と法令遵守 1
専門職の職業倫理って何だろう？　1
   レジュメ　受講生用　3
   レジュメ　講師用　4
   column　役立つ社内研修にするために　6

2 介護職の接遇 7
いつも、誰にでも、いつまでも。介護職は介護そのもの。　7
   レジュメ　受講生用　10
   レジュメ　講師用　12
   column　離職マネジメントとしての研修　16

3 介護保険制度を知らない介護職!? 19
交通ルールを知らない運転手はいませんか？　19
   レジュメ　受講生用　20
   レジュメ　講師用　22

4 感染症及び食中毒の予防及びまん延の防止 25
小さな実践、コツコツと積み重ねていけば、感染予防　25
   レジュメ　受講生用　26
   レジュメ　講師用　28

5 緊急時の対応に関する研修 31
緊急時、あわてず、あせらず、早急に。　31
   レジュメ　受講生用　33
   レジュメ　講師用　34

6 高齢者の虐待防止法 35
法令遵守だけでは、真の虐待防止にはならない！高齢者の虐待防止法　35
 レジュメ　受講生用　37
 レジュメ　講師用　40

7 キャリアステップ研修 43
どんな介護職になりたい？自分のことを話せますか？　43
 レジュメ　受講生用　46
 レジュメ　講師用　48

正誤表
書　名：やめない介護スタッフを育てる本
コード：978-4-485-30078-7
版　刷：第1版第1刷
発行日：2013年9月20日
正誤表作成日：2013年9月20日

ページ	訂正箇所	誤	正
24	2③	（短期生活）	（短期入所生活）
	2④	（デイケア）	（デイサービス）
	2⑤	（デイサービス）	（デイケア）

.... 51
ム力でさようなら。　51

の重要性 61
ょうだい」　61

 レジュメ　講師用　64

10　事故発生又は再発防止に関する研修 67
事故防止には、リスクマネジメントスキルが必要　67
 レジュメ　受講生用　69
 レジュメ　講師用　71

11　事例検討 73
風穴を開けて、リフレッシュ!! 発散・交流型研修のススメ　73
 レジュメ　受講生用　75
 レジュメ　講師用　76
 column　ハートフル施設長　78

IX

12　認知症ケア　.. 79
認知症の医学的理解は職務です!!　79
レジュメ①　受講生用　82
レジュメ①　講師用　84
レジュメ②　受講生用　87
レジュメ②　講師用　89
レジュメ③　受講生用　91
レジュメ③　講師用　94

13　介護職にまかせて!!　褥瘡の予防　................ 97
看護と介護で安心のトータルケア　97
レジュメ　受講生用　99
レジュメ　講師用　101

# 介護職の職業倫理と法令遵守

専門職の職業倫理って何だろう？

　介護職の職業倫理について考えていきましょう。
　職能（技術・知識）、接遇、職業倫理。
　どれが欠けても、介護職として信頼を損ないます。
　しかし、適切に守られていれば、利用者との関係性は深まっていくでしょう。
　職務を全うするうえで、必須でありながら、研修において、「職業倫理を学ぶ」と言えば、堅苦しく、とっつきが悪いようです。
　講師も同じように捉えてしまい、どこから講義を組み立ててよいのかわからないと迷うことがあるようです。私の場合、「職業倫理」「法令遵守」「高齢者虐待」「プライバシーの保護」など、制度が関わっている内容ほど、介護職の方が身近に感じ、考えやすい事例を、心がけています。
　苦手意識は研修の効果に影響します。
　まずは、自分ごととして、関心を持たせ、必要性を感じさせる。
　一歩ずつ、積み重ねていきましょう。

 参考資料

　職業倫理の定義：「特定の職業に就いている人が、社会的な役割や責任を果たすため、行動を律する規範、規準」

⇒これを、介護職に具体的に置き換えてみると、「介護職として、**法令を遵守し、利用者の安全安心**を提供するための、**道徳や行動**」となります。

＜法令遵守＞
⇒ 介護保険制度及び関係する法令を正しく理解する必要がある。
⇒ 適切に実践する必要がある。
＜利用者の安全安心＞
⇒ 職能（知識・技術）を自己研鑽する必要がある。
⇒ 接遇を身に付ける必要がある。
＜道徳や行動＞
⇒ 自律し、組織の一員として機能する必要がある。
⇒ 心身の健康に留意する必要がある。

「介護職として、何を目指し、どのように働くべきなのか」 自問自答したことがありますか？

受講日	名前	講師名

介護職の職業倫理と法令遵守

1．介護職の職業倫理と聞いて、思い浮かぶことを具体的に書いてください。

………………………………………………………………………………………………………
………………………………………………………………………………………………………
………………………………………………………………………………………………………
………………………………………………………………………………………………………

2．＜グループワーク＞

利用者の高橋さんを担当して2年になります。
高橋さんはあなたのケアを信頼してくれ、いつも感謝の言葉を伝えてくれます。
ある日、「たくさんもらったの」とみかんを1つ、帰り際に渡してくれようとしました。
「お気持ちだけで結構ですよ」と軽くお断りすると「一人では食べきれないし。腐らすともったいないしね、お願い・・・・・」とみかんを鞄の中に入れてしまいました。
さて、あなたならどうしますか？
※これ以外の条件は、自由に設定してください。

………………………………………………………………………………………………………
………………………………………………………………………………………………………
………………………………………………………………………………………………………
………………………………………………………………………………………………………

3．まとめ

職業倫理の定義：「特定の職業に就いている人が、社会的な役割や責任を果たすため、行動を律する規範、規準」介護職に置き換えると、
「介護職として、法令を遵守し、利用者の安全安心を提供するための、道徳や行動」

………………………………………………………………………………………………………
………………………………………………………………………………………………………
………………………………………………………………………………………………………

講師用

介護職の職業倫理と法令遵守

「今日は、介護職の職業倫理について考えていきます。では、早速ですが、ワークを始めます」

１．介護職の職業倫理と聞いて、思い浮かぶことを具体的に書いてください。

「何でもいいですよ。思い浮かぶことを書いてください」　※書き進まない人に声掛け。

例：利用者に安心してもらうこと。　介護保険制度を守ること。
　　事故を起こさないこと。　介護職が守るべき、職業人としての道徳。

※回答内容にレベルの差が生じる可能性がある。

「そうですね（共感）それらを含めて、職業倫理に値しますね。一般的に、職業倫理とは、"特定の職業に就いている人が、社会的な役割や責任を果たすため、行動を律する規範、規準"となります。これを、介護職に具体的に置き換えてみると、"介護職（対人援助職）として、法令を遵守し、利用者の安全安心を提供するための、道徳や行動"となります」

※３．まとめ参照

２．＜グループワーク＞　※事例を読み上げて、ワーク内容を説明する。

利用者の高橋さんを担当して２年になります。
高橋さんはあなたのケアを信頼してくれ、いつも感謝の言葉を伝えてくれます。
ある日、「たくさんもらったの」とみかんを１つ、帰り際に渡してくれようとしました。
「お気持ちだけで結構ですよ」と軽くお断りすると「一人では食べきれないし。腐らすともったいないしね、お願い・・・・・」とみかんを鞄の中に入れてしまいました。
さて、あなたならどうしますか？
※これ以外の条件は、自由に設定してください。

※ワークは15分～20分程度。
「みかん1つをお断りすることは、これまでの関係性や状況によって、難しいものだと思います。
大きい小さい、高価安価に関わらず、介護職は、物の贈答が禁じられていますよね。
みかん1つがみかん箱になり、バナナになり、メロンになり、金品になる。極端な例ですが、ならない、とは言い切れません。よい関係を続けるには、断るスキルが必要です。
一旦、相手の気持ちや言葉を受容してから、お断わりの意や理由を説明します。万が一、いただいた場合は、速やかに上司に報告してくださいね。
利用者が一方的にエスカレートしていくこともあり、第三者が入ることで、スムーズに解決できることがあります」

3．まとめ

職業倫理の定義：「特定の職業に就いている人が、社会的な役割や責任を果たすため、行動を律する規範、規準」介護職に置き換えると、「介護職として、法令を遵守し、利用者の安全安心を提供するための、道徳や行動」

※<　　　　　>を板書し、⇒を補足説明する。
<法令遵守>
⇒介護保険制度及び関係する法令を正しく理解する必要がある。
⇒適切に実践する必要がある。
<利用者の安全安心>
⇒職能（知識・技術）を自己研鑽する必要がある。
⇒接遇を身に付ける必要がある。
<道徳や行動>
⇒自律し、組織の一員として機能する必要がある。
⇒心身の健康に留意する必要がある。

✣ column ✣
役立つ社内研修にするために

　研修をやっても、その時だけで、現場にどれだけ役立っているか（習得した知識や技術が生かされているか）見えづらい、もしくは、見えないと相談を受けることがあります。
　ある医療法人の話をご紹介します。過去に研修をしたことがある、という程度で、研修制度はもちろん、外部講師も入ったことがないと聞いていました。今回、私の担当は、全6回。毎月1回の各2時間。参加者は、1年未満のヘルパー2級から10年キャリアの介護福祉士まで、20名程度の受講生でした。担当者と相談し、毎回の研修報告書の義務付けることになりました。アンケートという形で研修に対する感想や情報を回収することがありますが、こちらの研修報告書には、いくつかの項目があり、「職場において実践すること」そして、「職場において実践したこと、その感想」というものが含まれていました。研修した翌日から、次回の研修の前日までの1カ月間の自らの行動変化を報告することになります。回収された報告書は、研修当日の午前中までに私にメールで送付され、目を通し、研修の最初にフィードバックしていきました。3回目が終了した時、ある男性スタッフの報告書の変化に気が付きました。

　1回目：忘れていたことを再確認しました。
　2回目：やってみました。
　3日目：利用者に変わったねと言われました。うれしかったです。

　1回目のテーマは「介護職の接遇」でした。連動性を大事にしているので、3回共に通じる内容を落とし込むように意図していました。3回目こそが、成功体験です。もちろん、全員がこのような成功があったかと言えば、そうではありません。社内研修を現場に役立つものにするかどうかは、その後、どれだけスタッフの喜びを導く見守りや具体的な助言、すなわち管理職のサポートがあるかどうかと言っても過言ではありません。集合型社内研修とOJTは関連しています。

介護職の接遇

**いつも、誰にでも、いつまでも。
介護職は介護そのもの。**

　皆さんの職場は、「介護職の接遇」に関する研修を行っていますか？
　「接遇はできています」「何を今更？」「去年、やりました」と、スタッフが言うならまだしも、管理職が必要性を感じていない発言することがあります。
　では、あらためて、お伺いします。
　「いつでも、誰にでも、どんな場面でも・・・・・スタッフ全員で統一されていますか？」
　そもそも、接遇とは何でしょうか？
　人に伝授する際、必ず、言語化しなくてはなりません。説明の言葉を持つ、ということです。
　ボディメカニクスや車椅子介助など、力学論やエビデンスに基づいた根拠が明確なものは、説明しやすいですが、接遇は、各自のイメージで捉え方が違うことが目立ちます。
　ですので、研修の効果効率を上げるためにも、「我が職場の接遇とは〇〇〇です」と言えるよう、接遇の統一化をしておく必要があります。
　私が研修の際に、「接遇とは何ですか？」と問えば、「挨拶、言葉遣い、身だしなみ」と具体的に答える人や、「マナー」「人に接するときのルール」「介護職に必要なもの」と抽象的に答える人がいます。
　曖昧さを持つものほど、職場として、適確に実践するために、具体化しておきます。
　さあ、皆さんの職場が目指す「介護職の接遇」を考えていきましょう。

 参考資料

　介護職の接遇とは、①**対人援助職**に求められる②**相手にとっての**③**適切な態度**（言葉・行動）をいう。

　①　対人援助職　「私たちは人を援助する職に就いています。ましてや、人生の終末期や日々の暮らしを支えるお手伝いしています」
　　　　　　　☆介護職をお世話にとどまらない視野で捉えさせる。

② 相　手　　「利用者、家族、職場（組織・上司・同僚）がいます」
　　　　　　　☆対象は目の前の相手だけではないことを自覚させる。

③ 適切な態度　「同じことでも相手によって適切と考えるものは違います。たとえば、入浴介助に手際よさを求める人もいれば、ゆったり感を求める人もいます。もしくは、元気なおはようございます！より、穏やかな朝の挨拶を好む人もいます。これらは、相手を知ることで、適切な対応ができます。つまり、**個別化**です。では、これはどうでしょうか？利用者は時間より長くいてほしく、掃除や買い物より、話し相手になってほしいと求められます。しかし、職場は**法令遵守**を第一に求めます。この場合は、自ずと優先順位はつけられますね」

☆個別化を踏まえた接遇を考えさせる。
☆個人の行動が組織に影響することを理解させる。
☆介護保険制度の遵守はあらゆる場面で優先だと認識させる。

＜接遇の3原則＞
① 　あいさつ
② 　言葉遣い
③ 　身だしなみ

3原則に、傾聴ができて、接遇スキル。
＜傾　聴＞
① 経　験
② 考え方
③ 行　動
④ 感　情
①〜④の視点で相手を総合的に感じ取ること。
介護職にとってはスキル。

傾聴スキルを具体的に実践するには、相談援助スキルが必要。

＜バイスティックの７原則＞
① 個別化
② 自己決定
③ 受　容
④ 非審判的態度
⑤ 意図的な感情表出
⑥ 統制された情緒的関与
⑦ 秘密保持

よって、介護職の接遇の基本とは、

あいさつ＋言葉遣い＋身だしなみ＋傾聴スキル（バイスティックの７原則）

笑顔を忘れないでね。

受講日	名前	講師名

介護職の接遇

1. 接遇とは、……………………………………………………………………………………

メ　モ

……………………………………………………………………………………………………
……………………………………………………………………………………………………
……………………………………………………………………………………………………
……………………………………………………………………………………………………
……………………………………………………………………………………………………

2. 接遇の３原則

①
　………………………………………………………………………………………………
②
　………………………………………………………………………………………………
③
　………………………………………………………………………………………………

3. 傾　聴

① 経　験
② 考え方
③ 行　動
④ 感　情

4．バイスティックの7原則

① 個別化

② 自己決定

③ 受　容

④ 非審判的態度

⑤ 意図的な感情表出

⑥ 統制された情緒的関与

⑦ 秘密保持

5．まとめ

介護職の接遇の基本とは、

いつでも、だれにでも、どんな場面でも……スタッフ全員で統一！！

講師用

介護職の接遇

「接遇という言葉を聞いたことがありますか？あなたが人に説明するとき、どのように説明するか、下の＿＿＿＿＿に書いてください。」　※ 言語化する必要性とむずかしさを伝える。

１．接遇とは、　　　例：あいさつ　　・介護職のマナー　・未記入　など
　※発表のあと、「どれも正解だと思いますが、本日はこれを基本に研修を進めますね」と例を挙げる。

> 対人援助職に求められる相手にとっての適切な態度（言葉・行動）をいう。

※参考資料を講義する。
メ　モ
………
………
………
………

「接遇の３原則と思うものを３つ、挙げてください」

２．接遇の３原則
　①　挨　拶
　⇒第一声で行う。
　⇒顔を見て行う。
　⇒相手に合わせたトーンで行う（元気はつらつがよいとは限らない）
　②　言葉遣い
　⇒丁寧に行う。
　⇒わかりやすい言葉を用いる。
　⇒親しみやすさと慣れ慣れしさは違う。

介護職の接遇

講師用

※「方言はいいの？」「敬語以外は絶対だめ？」など言葉遣いだけでも話し合うと、それぞれの意見が出てきます。
ポイントは、「相手やまわりを不快にさせないこと」「スタッフが統一していること」

③　身だしなみ
⇒相手にどう見られているかを基準にする。おしゃれ（対自分）とは違う。
⇒清潔感を重要視する（髪の色、シャツのボタン、匂い、汚れなどは清潔感を阻害する）
⇒アクセサリー、香水など装飾類は厳禁。
※「この人にお願いして大丈夫かな？」介護を判断されやすいのは、外見。外見は雰囲気に影響している。

「いつでも、誰にでも、どんな場面でも・・・・・スタッフ全員ができていますか？新規利用者にだけ丁寧に接していたり、少しくらいはいい、自分だけは許される、という甘えはありませんか？
　では、あと一つ、大切なことはなんでしょうか？・・・・・表情、笑顔ですね」

「接遇の基本に加え、傾聴が必要です。傾聴はスキルです。身に付けていきましょう」
「相手の言動には理由がある。その理由を知るために傾聴します」

3．傾　聴

①　経　験　　職業や家族歴、人生経験すべて。
②　考え方　　経験や知識で、成り立っている。
③　行　動　　経験と考え方で現れる。　相手の対応・関係によって現れる。
④　感　情　　①②③に伴い現れる。　相手の対応・関係によって現れる。

「たとえば、入浴拒否が多い橋本さんを考えてみましょう」
　　浴室で転倒し、骨折したことがある。（経験）
　　浴室は危険な場所だと思っている。（考え方）
　　浴室・入浴は恐い。嫌だ。（感情）
　　入りたくない。拒否する。（行動）
傾聴①〜④に当てはめることで、橋本さんに対する声かけや対応が個別化されていきます。
「傾聴スキルを具体的に実践するには、バイスティックの7原則を用います。
　聞いたことはありますか？ヘルパー養成の際に勉強している・・・・・はずですよ」

講師用

「バイスティックとは、アメリカの社会福祉学者が唱えた個別援助技術のひとつです」

４．バイスティックの７原則

① 個別化
相手を個人として尊重する。相手に先入観を持たない。⇒相手を知ることが大切。

② 自己決定
相手が決めやすいように、具体的な情報提供を行う。
「行きませんか？」 ではなく 「今から、レクリエーションに行きませんか？」
「今から、カラオケのレクリエーションに行きませんか？」⇒関心や興味がわく声かけを行う。

③ 受 容
受け入れる。肯定する。お断りの際は、頭ごなしに否定しない。受け入れた後に説明する。
「できません！」「無理！」ではなく、「そうなんですね（今、入浴されたいのですね）申し訳ありませんが、本日の入浴は終了しました」 この後に解決策を伝えるとベター。
「本日の入浴は終了しました。次回は、明日の14時からになります」

④ 非審判的態度
相手を善悪で判断しない。「レクに参加するからいい人、しないから悪い人」
相手を比較しない。「松野さんより、坂東さんはできる」「横山さんの方がもっとたいへん」

⑤ 意図的な感情表出
相手が自由に感情を表現できるようにする。⇒非言語的表現にも注目する。
「お茶、一杯でもお願いしづらい」「あの人はヒステリックで怖い」と言われないように。

⑥ 統制された情緒的関与
相手の発信（情緒）を共感的に言葉と態度で対応する。⇒実践できるためにも介護職の感情コントロールも必要ですね。
「孫が大学に合格したんだ！！」「それはおめでとうございます！！よかったですね」
「つらい・・・・・辞めたい」 言葉で返すことだけが対応ではない。そばにいること、目線で思いを伝えることはできる。もしくは、「つらいんですね」と同じ言葉を繰り返すことで、相手は、聴いてもらっている、理解してもらっているという印象を受ける。

⑦ 秘密保持

秘密は守ります。プライバシーの保護を約束します。それを相手にわかってもらい、安心してもらうよう努める。

5．まとめ

介護職の接遇の基本とは、

> あいさつ＋言葉遣い＋身だしなみ＋傾聴スキル（バイスティックの7原則）

いつでも、だれにでも、どんな場面でも……スタッフ全員で統一！！

「気の緩みや疲れで、接遇ができないことも人間だからあります。
そんな時こそ、お互いに注意し合える職場で在り続けましょう」

❖ column ❖
離職マネジメントとしての研修

　多くの職場で教育研修の強化、充実化は離職の未然対策としても行っていますが、その離職について考えていきましょう。ご主人の転勤や子どもの入学・卒業、または、親の介護、他職種への興味関心で職種変更するなど、離職には様々な理由があります。離職は決してマイナスではありませんが、いずれにせよ、人が辞めるという意味では、業務に最小限の支障で留めておきたいものです。

①離　職
　辞めていくスタッフの門出になる送り出しを心がけましょう。

②スタッフの業務増大
　なるべく短期間で、充足（元の人数配置）に戻さないと、単純に、スタッフは業務が増大したことになります。短期間と曖昧な表現をしていますが、あきらめや愚痴にならず、踏ん張れる期間は、2カ月程度だと感じています。バタバタ業務に慣れかけた頃に心身の疲れを感じ始め、人員に関して変動のない次月のシフトを手

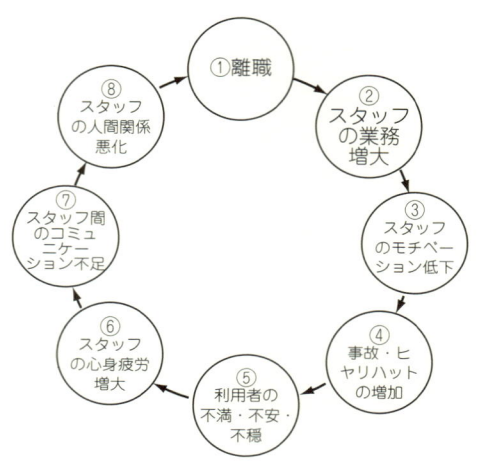

にした時に、文句や不信感に変わるのです。これらの状況は介護職への求人希望数の現実や近隣地域も同様の状況が想定されるため、仕方がない場合がありますが、現場を奔走するスタッフは、素直に理解を示さないこともあり、組織の体質や管理職の関係調整力（適切な場面での適切な声かけができるかどうか）が大きく影響しています。この期間は離職マネジメントにおいて重要です。

③スタッフのモチベーション低下
　心身の疲れが出始めると、前向きな気持ちを持ちづらくなり、やる気は下がります。

④事故・ヒヤリハットの増加
　やる気が下がると、ヒューマンエラーのリスクが高まります。「気のゆるみ」「不注意」は、利用者・家族には理由にはなりませんね。

⑤利用者の不満・不安・不穏

　③と④が目立ってくると、ダイレクトに、利用者に影響します。場合によっては、重大なストレスになり、疾患を悪化させたり、スタッフの信用を損なうかもしれません。

⑥ スタッフの心身疲労増大

　スタッフも人間ですから、職場環境が改善される目途もなく、心身疲労が高まるばかりでは、このままではよくないと、わかっていても、改善する余力が芽生えづらく現状維持で精一杯です。

⑦ スタッフ間のコミュニケーション不足

　こんな状況では、必要以上に話したくないですよね。一歩、間違えれば、業務連絡まで、後回しになってしまいます。

⑧ スタッフの人間関係悪化

　コミュニケーションが不足してくると、お互いの労に感謝したり、協力することも薄れてくるでしょう。さらには、言った、言わない、聞いた、聞いていない、と人のせいにする状況が生まれやすくなります。そして、職場への決別を決めていくのです。

　離職サークルはマネジメントしていかない限り、繰り返されます。時折、「あんな人は辞めてもらってよかった」と言う経営者や管理職がいます。もちろん、その言葉を発する複雑化した背景、そう言わざる得ない状況、他スタッフに影響する真の意味でのリスク想定は、痛いほどにお察しします。しかし、最近の傾向として、その先には「頼りになるスタッフ」「辞めないでほしいスタッフ」など、組織に長くいてほしい「いい人財」が離職していくように思います。離職サークルの渦に入ると、そんな「いい人財」こそ、使命感で、悪影響を多大に及ぼしているスタッフの分もカバーしようとしてくれます。離職して当の本人はいなくなり、いざ、これからの時、いてほしい人財も一連の出来事に巻き込まれ、バーンアウトしてしまうか、冷静かつ賢明な思考で危機感を持ち、長く居続けてよい職場なのかどうか、すぐさま見極め、去りゆくのです。ピンチのときこそ、一致団結できる組織を研修で作り上げておきましょう。

memo

3 介護保険制度を知らない介護職!?

● 交通ルールを知らない運転手はいませんか？ ●

　皆さんの職場の介護職は、介護保険制度を正しく理解していますか？
　「今更、何を聞いているのか」と思うかもしれませんが、研修を担当させていただく中で、制度の理解が乏しいと感じることがよくあります。
　グループホームで働くスタッフが、地域密着型サービスが何か知らなかったり、デイサービスのスタッフは、50歳の利用者がいることを説明できなかったりします。
　「法令を遵守すること」
　これは、介護職にとっての絶対職務です。
　よって、制度やその枠組みを知ることは、必須になります。
　本項の目的と目標は以下になります。

　目的：介護保険制度を正しく理解したうえで、サービスが提供できること。
　目標：介護保険制度を他者（利用者・家族・後輩）にわかりやすく説明できること。

　制度は、苦手意識が高くなる傾向にあるので、取組みやすいように、クイズ形式や虫食い問題形式にしています。
　お住まいの都道府県の特例や地域の情報、また、自分たちの職種（訪問系・通所系・施設系）の役割や特徴を再確認させましょう。
　研修のまとめに、お住まいの介護保険のパンフレットやホームページなどで、確認すると、わかりやすくなります。

 参考資料

〈介護の基本〉
① 利用者本位　⇒　主語は利用者。
② 自立支援　　⇒　できるところとできないところを見極め、できないところを支援する。
③ 自己決定　　⇒　決められるように支援する。

受講日	名前	講師名

介護保険制度の仕組み

1. 介護保険制度について、正しいものには〇を、間違っているものには×をつけなさい。
   ① 平成15年4月から開始した。（　　　　）
   ② 被保険者は40歳以上である。（　　　　）
   ③ 第2号被保険者は15種類の特定疾病に該当しなくてはならない。（　　　　）
   ④ 利用希望時は、居住の市町村の窓口で要介護認定の申請を行う。（　　　　）
   ⑤ 申請時、第2号被保険者は、介護保険被保険者証の必要はない。（　　　　）
   ⑥ 申請後、認定調査員が心身の状態を確認するために訪問する。（　　　　）
   ⑦ 主治医がいない場合は、主治医の意見書は提出しなくてよい。（　　　　）
   ⑧ 介護認定調査会で介護の判定が行われる。（　　　　）
   ⑨ 介護度は5段階に分かれている。（　　　　）
   ⑩ 利用料の負担は原則として介護サービスにかかった費用の1割である。（　　　　）
   ⑪ 介護度の認定有効期間は新規・変更申請は原則1年である。（　　　　）
   ⑫ 利用はケアプランに基づき、サービスの利用が始まる。（　　　　）

2. 次の空欄に当てはまる言葉を漢字で記入しなさい。
   ① （　　　　　　）は、訪問介護員によって提供される入浴、排泄、食事等の介護、そのほかの日常生活を送るうえで必要となるサービスである。
   ② 地域密着型サービスを利用できるのは、原則としてサービスを提供する事業者のある（　　　　　）に住む人に限られる。
   ③ ショートステイのうち、特別養護老人ホームなどで生活することを（　　　　　　）療養介護といい、介護老人保健施設などに生活することを短期入所療養介護という。
   ④ 通所介護は別の言い方で（　　　　　　）という。
   ⑤ 通所リハビリは別の言い方で（　　　　　　）という。
   ⑥ 保険給付として、その費用が支払われる施設は（　　　　）種類である。

3．まとめ

講師用

介護保険制度の仕組み

1．介護保険制度について、正しいものには〇を、間違っているものには×をつけなさい。

① 平成15年4月から開始した。（　×　）

　⇒平成12年（2000年）4月である。　創設の背景を簡単に説明する。

② 被保険者は40歳以上である。（　〇　）

　⇒65歳以上の人を第1号被保険者、医療保険に加入している40歳以上64歳までの人を第2号被保険者という。ひっかけ問題。

③ 第2号被保険者は15種類の特定疾病に該当しなくてはならない。（　×　）

　⇒16種類。該当する利用者でイメージさせる。

筋萎縮性側索硬化症	脳血管疾患	後縦靭帯骨化症	進行性核上性麻痺・大脳皮質基底核変性症およびパーキンソン病
骨折を伴う骨粗しょう症	閉塞性動脈硬化症	多系統萎縮症	慢性関節リウマチ
初老期における認知症	慢性閉塞性肺疾患	脊髄小脳変性症	脊柱管狭窄症
糖尿病性神経障害・糖尿病性腎症および糖尿病性網膜症	両側の膝関節または股関節に著しい変形を伴う変形性関節症	早老症	末期がん

④ 利用希望時は、居住の市区町村の窓口で要介護認定の申請を行う。（　〇　）

　⇒要支援認定も含む。

⑤ 申請時、第2号被保険者は、介護保険被保険者証の必要はない。（　×　）

　⇒第2号被保険者は医療保険証も必要。

⑥ 申請後、認定調査員が本人の心身の状態を確認するために訪問する。（　〇　）

　⇒認定調査という。

⑦　主治医がいない場合は、主治医の意見書は提出しなくてよい。（　×　）
　⇒主治医がいない場合は市区町村の指定医の診察が必要。

⑧　介護認定調査会で要介護度の判定が行われる。（　×　）
　⇒介護認定審査会で行われる。

⑨　介護度は 5 段階に分かれている。（　×　）
　⇒ 7 段階に分かれている。要支援 1、2 から要介護 1 ～ 5。非該当の場合もある。
　⇒結果が不服の場合は、都道府県に設置された介護保険審査会に不服申請ができる。

⑩　利用料の負担は原則として介護サービスにかかった費用の 1 割である。（　○　）
　⇒たとえば、1 万円分のサービスを利用した場合、1 千円を支払うことになる。
　⇒介護度に応じて、1 カ月間有効の支給限度額がある。超えた分は、全額自費。
　⇒居住費、食費、日常生活費は自費になる。

⑪　介護度の認定有効期間は新規・変更申請は原則 1 年である。（　×　）
　⇒原則 6 カ月で、状態に応じて 3 ～ 12 カ月まで設定ができる。
　⇒更新申請は原則 12 カ月で、状態に応じて 3 ～ 24 カ月まで設定ができる。

⑫　利用はケアプランに基づき、サービスの利用が始まる。（　○　）
　⇒ケアプランとは、どのような介護サービスをどれだけ利用するか、また、どの事業所（施設）を利用するかなどを決める計画書のこと。
　⇒ケアプランに基づき、事業所（施設）と契約を結び、サービスが開始する。

　☆利用者は、介護保険制度の手続きを踏んで、サービスを利用している。
　☆サービスは契約の元、提供されている。

講師用

2．次の空欄に当てはまる言葉を漢字で記入しなさい。

① （訪問介護）は、訪問介護員によって提供される入浴、排泄、食事等の介護、そのほかの日常生活を送るうえで必要となるサービスである。「門に口を忘れていませんか？問いかける、つまり、コミュニケーションも職務ですよ」
※ 訪問系サービスの種類を説明する。福祉用具貸与や購入についても説明する。

② 地域密着型サービスを利用できるのは、原則としてサービスを提供する事業者のある（市町村）に住む人に限られる。
※ 地域密着型サービスの種類を説明する。

③ ショートステイのうち、特別養護老人ホームなどで生活することを（短期生活）療養介護といい、介護老人保健施設などに生活することを短期入所療養介護という。
※ ショートステイの目的、レスパイトケアを説明する。

④ 通所介護は別の言い方で（デイケア）という。

⑤ 通所リハビリは別の言い方で（デイサービス）という。
※④⑤の違いを説明する。

⑥ 保険給付として、その費用が支払われる施設は（ 3 ）種類である。
※指定介護老人福祉施設・介護老人保健施設・指定介護療養型医療施設の違いを説明する。
※住宅型有料老人ホーム・介護付有料老人ホーム・健康型有料老人ホーム・サービス付高齢者向け住宅なども上記と比較して説明する。

3．まとめ

☆制度は利用者を守るためにある。よって、介護職として説明できることは職務。
☆介護保険制度は契約に基づいている。よりよいサービスを提供できなければ、事業所及び介護職は淘汰される。

4 感染症及び食中毒の予防及びまん延の防止

小さな実践、コツコツと積み重ねていけば、感染予防

「田崎さん、食中毒って怖いんですよね？」
「そうよ。体力も気力も消耗するしね、時に、死に至ることもあるの」
「え？！‥‥‥でも、薬や消毒液を使わないと、私たちにできることはありませんよね？」
サービス提供責任者の田崎さんは、食中毒について、研修を行うことにしました。

　施設スタッフは、実際に調理をすることがあまりありませんから、食中毒に対する意識が持ちづらい場合があります。
　食事時間とはいえ、誘導に始まり、配膳、食事介助、下膳など、一連の流れがあり、その最中に、トイレ誘導や排せつケアなどを行うことがあります。
　配膳前の手洗いだけでなく、食堂を離れた後、都度の念入りな手洗いを習慣づけることは予防につながります。
　また、食事時間内に食べなかった食事の取り扱い、個人としてお預かりしている飲食物の賞味期限に注意し、無駄を出さない管理を心がけましょう。

参考資料

＜自宅での食中毒の6つのポイント＞

①	食品の購入	消費期限などの表示を確認する。気温に応じて、保冷剤を使用する。生もの（肉・魚）はビニール袋で分別する。
②	食品の保存	冷蔵庫は清潔を保ち、7割程度の保存状態にする。冷蔵庫は10℃以下、冷凍庫は−15℃以下を維持する。
③	下準備	冷凍食品の解凍は冷蔵庫か電子レンジで行う。食べ物とゴミ（野菜くずなど）は近くに置かない。
④	調理	手洗いを十分行う。加熱は中心部75℃で1分以上行い、まんべんなく行う。
⑤	食事	手洗いを行う。長時間室温に放置しない。
⑥	残った食品	清潔な容器に密封する。食品の腐敗を配慮して、処分する。

受講日	名前	講師名

食中毒の発生の予防及びまん延の防止

1．あなたは訪問介護員として、どんな食中毒予防を行っていますか？

2．食中毒の予防三原則

①

②

③

3．食中毒の種類と特徴

ウィルス名	主な症状	潜伏期間	予防方法など
ノロウィルス	嘔気・嘔吐・下痢・腹痛・頭痛・発熱など。通常は発症後2～3日で軽快する。	24～48時間	カキや二枚貝の生食を避ける（85℃で1分間以上加熱調理）。嘔吐物は塩素系消毒液で処理する。
腸管出血性大腸炎 O（オー）157	症状が出ない、軽度の下痢や腹痛のみの場合から頻回の水様便、激しい腹痛、血便などと重篤な合併症を起こし、致死する場合もある。	3～8日	熱と消毒液に弱い。（75℃で1分間以上）

4．スタンダードプリコーション（標準予防策）
　＝全ての人は感染している可能性があると考えて感染予防対策を行うこと。

　　全員が予防策を実施することが大切！！感染管理を徹底しよう！！

講師用

食中毒の発生の予防及びまん延の防止

1．あなたは訪問介護員として、どんな食中毒予防を行っていますか？

「"買い物、家庭での保存、下準備、調理、食事、残った食品"と場面ごとに、具体的に考えてみてくださいね」

|買い物|・・・消費期限を確認する。肉や魚などの生鮮食品や冷凍食品は最後に買う。|

家庭での保存・・・冷蔵や冷凍の必要な食品は、持ち帰ったらすぐに冷蔵庫や冷凍庫に保管する。
　　　　　　　　　肉、魚、卵などを取り扱うときは、取り扱う前と後に必ず手指を洗う。
　　　　　　　　　冷蔵庫や冷凍庫に詰めすぎない（詰めすぎると冷気の循環が悪くなる）。

調　理・・・調理の前に石けんで丁寧に手を洗う。冷凍食品の解凍は冷蔵庫の中や電子レンジで行う。
　　　　　　冷凍食品は使う分だけ解凍し、冷凍や解凍を繰り返さない。
　　　　　　ふきんやタオルは熱湯で煮沸した後しっかり乾燥させ、調理器具は洗った後、熱湯をかけて消毒する。

調　理・・・調理の前に手を洗う。　肉や魚は十分に加熱する。

食　事・・・食事介助の前に石けんで手を洗う。作った料理は、長時間、室温に放置しない。
　　　　　　温かいものは温かいうちに、冷たいものは冷たいうちに提供する。

残った食品・・・残った食品を扱う前にも手を洗う。保存して時間が経ちすぎたものは思い切って捨てる。温め直すときは十分に加熱し、少しでもあやしいと思ったら、本人に説明の元、処分する。　　・・・・・など。

「嘔吐や下痢の症状は、原因物質を排除しようという体の防御反応です。
速やかに、上司に報告し、自己管理（変化）にも注意します」
　⇒　介護職が細菌の媒介者（運び屋）にならない。

感染症及び食中毒の予防及びまん延の防止

講師用

2．食中毒の予防三原則
「食中毒の予防三原則を知っていますか？」

① つけない
「清潔・洗浄ですよね」
⇒作業開始時や作業変更ごとに手洗いを励行する。
⇒調理器具を洗浄、除菌、乾燥させる。

② 増やさない
「迅速・冷却ですよね」
⇒冷蔵庫（10℃以下）、冷凍庫（－15℃以下）の温度チェックはマメに行う。

③ やっつける
「加熱・殺菌ですよね」
⇒中心部が75℃以上で1分間以上、加熱する。（ノロウィルスは85℃以上）
⇒煮物、炒め物は、温度にムラが出やすいので、注意する。

「食中毒は、その原因となる細菌やウイルスが食べ物に付着し、体内へ進入することによって発生します。もちろん、本人の免疫力も関係します。自分たちの健康管理、高齢者の身体を十分配慮して、予防に取り組みましょう」

3．食中毒の種類と特徴

ウィルス名	主な症状	潜伏期間	予防方法など
ノロウィルス ※少量で感染力が高い	嘔気・嘔吐・下痢・腹痛・頭痛・発熱など。通常は発症後2～3日で軽快する。	24～48時間 ※10月から4月に集中発生	カキや二枚貝の生食を避ける（85℃で1分間以上加熱調理）。嘔吐物は塩素系消毒液で処理する。
腸管出血性大腸炎 O（オー）157	症状が出ない、軽度の下痢や腹痛のみの場合から頻回の水様便、激しい腹痛、血便などと重篤な合併症を起こし、**致死**する場合もある。	3～8日 ※平均3日～4日	熱と消毒液に弱い。 （75℃で1分間以上）

「他には、腸炎ビブリオ、ボツリヌス菌、サルモネラ菌などがありますね」
※図表を確認した後、「嘔吐物の処理は、どのようにしますか？」と4につなげる。

講師用

4．スタンダードプリコーション（標準予防策）
＝全ての人は感染している可能性があると考えて感染予防対策を行うこと。

スタンダードは標準、プリは事前の、コーションは用心、警告。

「"血液、体液（汗を除く）、分泌物、排泄物、粘膜、損傷した皮膚には感染の可能性がある"とみなし、患者や医療従事者による感染を予防するための予防策（標準予防策）のことです。感染症の有無を問わず、すべての患者を対象に実施します」
⇒具体的には、①手洗い ②手袋やガウンなどの正しい着用 ③器具や器材の正しい取り扱い ④患者の隔離などがあり、消毒や滅菌の方法などが具体的に定義されている。
　　（1996年、アメリカ疾病管理予防センターによる感染予防のガイドライン）

全員が予防策を実施することが大切！！感染管理を徹底しよう！！
　☆「全員」と「感染管理」を強調する。

「むやみに軽んじなければ、むやみに怖がることもないですよ」
「介護職として、日々、体調管理に努めましょう」

5 緊急時の対応に関する研修

● 緊急時、あわてず、あせらず、早急に。 ●

　何ごとにも事故はつきものです。だからこそ、事前に対策を持つことに意味があります。

　私たちが対応している高齢者や障害者は、疾患や身体状況から、緊急事態に自分で対処や対応することが難しくなっています。

　それらを踏まえ、被害を最小限に努めるために、日頃から、シミュレーションをしておきましょう。実際の緊急時には、気が動転して、思っていたような選択や行動ができないかもしれませんが、予め知識を入れておくことで、落ち着きを取り戻せることがあります。

　何が起こるかわからない緊急時！！

　危機管理体制の確立を周知徹底し、利用者の安全を守りましょう。

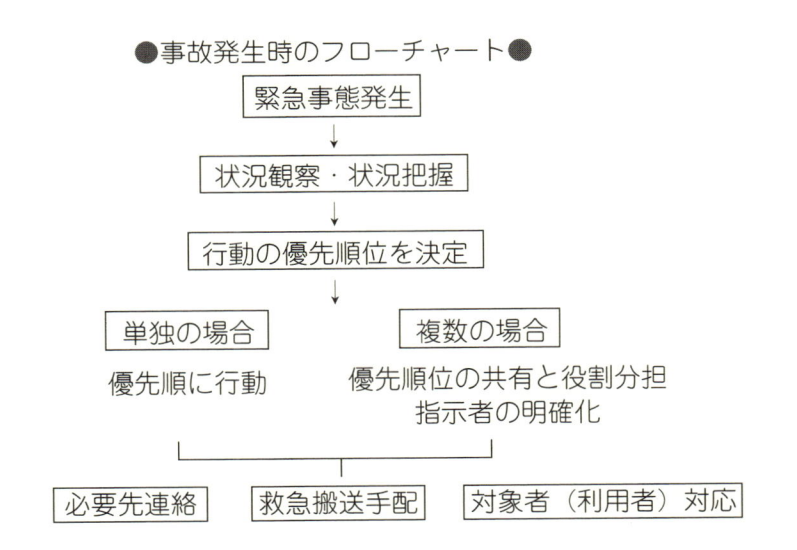

参考資料

●事故発生時のフローチャート●

緊急事態発生
↓
状況観察・状況把握
↓
行動の優先順位を決定
↓
- 単独の場合：優先順に行動
- 複数の場合：優先順位の共有と役割分担　指示者の明確化

→ 必要先連絡　救急搬送手配　対象者（利用者）対応

緊急連絡網だけでなく、
　対応の判断に迷いが出た時、時間のロスを防ぐためにも、スタッフがわかりやすい、フローチャートを作成しましょう。
　緊急度、対応人員数、対応者レベル、発生場所などによって、ケース別のフローチャートが必要な場合があります。

　最新版の実効性のあるもので情報共有を！！

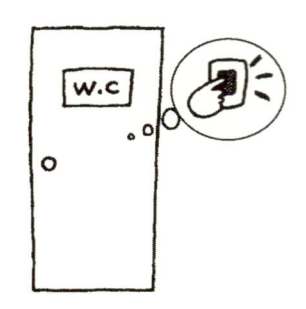

受講日	名前	講師名

緊急時の対応ー
介護事故・病状急変時及び急病発生時

1. 介護事故や急変急病時、あなたや職場が行うことを箇条書きにしてください。

2. ＜グループワーク＞
   事故や急変急病時に備え、日頃からできることを挙げてください。

3. ＜演習＞心肺蘇生法とAED

講師用

緊急時の対応ー
介護事故・病状急変時及び急病発生時

「緊急時の対応について、考えていきます。上司の指示を仰ぐことが基本になりますが、発見者になったり、誰かが駆けつけるまで、緊急事態を一人で対応することがあり得ます。具体的にイメージしてみてください」

1．介護事故や急変急病時、あなたや職場が行うことを箇条書きにしてください。

例：大声で緊急事態であることを伝える。助けを求める。上司へ連絡（電話）する。
　　利用者の状態（意識レベル・身体損傷・痛み・出血など）の確認。
　　利用者の安全安楽確保。　状態に応じて救急車に連絡。協力医療機関や主治医に連絡し、指示を受ける。利用者の情報を確認する。経過を記録する。必要な事後報告を行う、など。
　　※ 優先順位はその都度、違う。　迅速な行動ができるように想定させる。

2．＜グループワーク＞
　　事故や急変急病時に備え、日頃からできることを挙げてください。

> 例：緊急連絡網を把握する。　ヒヤリハット報告の防止策を実行する。
> 　　確実な申し送りを行えるよう、利用者の変化の伝達を怠らない。
> 　　急変の可能性がある利用者は看護師に早めに報告する。
> 　　利用者との良好なコミュニケーションを行い、日々の心身状況を把握する。
> 　　家族やケアマネへの細やかな現状報告を行う。
> 　　（この頃、食欲がない、リハビリやレクリエーションへ参加されないなど）　など。

3．＜演習＞心肺蘇生法とＡＥＤ
　　※ 消防署の協力やＡＥＤの購入先の協力を得て、最新の情報で演習することが好ましい。

6 高齢者の虐待防止法

法令遵守だけでは、真の虐待防止にはならない！
高齢者の虐待防止法

　高齢者虐待防止法に加えて、平成24年、障害者虐待防止法も施行されました。
　法律の整備は進んでも、残念ながら、新聞やテレビ報道などで、取り上げられる現実は後を絶ちません。
　皆さんの職場では、法律に定められている内容に関して、周知徹底し実行できているかと思いますが、スタッフの表情や溜息、何気ない一言が、相手の楽しみを奪ったり、やる気を下げたり、自信を失くしてしまう恐れを含んでいることを自覚させ、真の虐待防止が行える職場にしていきましょう。
　さらに、家族支援として、虐待の早期発見ができるスタッフとして、育成していきましょう。

参考資料

＜定　義＞

　高齢者虐待とは、高齢者が他者からの不適切な扱いにより、権利利益を侵害される状態や生命、健康、生活が損なわれるような状態におかれることです。
　高齢者とは、65歳以上の者をいいます。

　平成18年4月から施行されている高齢者虐待防止法（＝高齢者に対する虐待の防止、高齢者の養護者に対する支援等に関する法律）では、高齢者虐待を「養護者による高齢者虐待」と「養介護施設従事者等による高齢者虐待」に分けています。

　「養護者」とは、日常的に高齢者の世話をしている家族、親族、同居人等を指します。
　「養介護施設従事者等」とは老人福祉法や介護保険法で規定されている高齢者向け介護・福祉サービスに従事する職員すべてを指します。（直接介護に携わる職員とは限りません）

＜通報義務＞
・市町村に通報しなければならない。

＜種　類＞

身体的虐待	身体に外傷が生じ、または生じるおそれのある暴行を加えること。正当な理由がなく、身体を拘束すること。
介護放棄（ネグレクト）	養護を怠ったり、長時間の放置をすること。
心理的虐待	拒絶的な対応や暴言など、心理的外傷を与える言動を行うこと。
性的虐待	わいせつな行為をすること、または、させること。
経済的虐待	財産を不当に処分したり、利益を侵奪すること。

受講日	名前	講師名

高齢者虐待防止に関する理解と家族支援

1．高齢者虐待防止法とは

・（　　　　　）歳以上の高齢者が対象。

・家庭での養護者または施設などの職員による虐待をいう。

・発見時は、（　　　　　）へ通報義務がある。

2．虐待の種類

身体的虐待	
ネグレクト	
心理的虐待	
性的虐待	
経済的虐待	

3．＜個人ワーク＞

設問①：あなたが虐待をされていたら、どのような気持ち・行動になると思いますか？

....
....
....
....
....

設問②：虐待に関して、職場として具体的にどのような取り組みをしていきたいですか？

4．＜グループワーク＞

＜訪問編＞

あなたが担当している利用者の木村さんは、時折、腕にアザがあります。木村さんは「ぶつけた」「転んだ」と自分のせいにしていますが、目を合わせてくれず、不自然に感じています。ある日、訪問すると、寒そうにしていたので、「暖房を入れましょうか？」と声をかけると「点けなくていい」と言われ、数回、暖房を点けるように促すと、「お金がないから」と寂しそうに言われました。買い物の時も、生活に必要なものでさえ、買うことを拒むので気になっていました。木村さんは長男と同居していますが、非協力的で内服の確認をお願いしても「面倒くさい」「忙しい」「知らない」といった状況です。あなたは、正直、虐待を疑っています。サ責に相談したところ、「長男に事実を確認してください」と言われました。あなたは長男にどのように話を始めますか？

＜入所編＞

入所者の木村さんは、月に1度、長男の自宅へ外泊します。3カ月前、帰所後、初の入浴日、腕に内出血があることをあなたは見つけました。「転んだ」と聞き、看護師に処置を依頼しました。先月も同様な状況で他のスタッフが腕にアザを見つけました。木村さんは、「気が付かなかった」と言い、疑問だけが残りました。主任に報告すると、「今月、帰所した際に、ご家族に、虐待について聞いておいて」と言われました。あなたは、どのように話を始めますか？

<通所編>
　週2回、利用中の木村さんは、いつも明るく積極的に、リハビリやレクリエーションに参加していましたが、わき腹や背中が痛いと言い、見ていることが多くなりました。痛みへの質問をすると、話題を変えたり、以前はよくしてくれた同居の長男の話も全くしなくなりました。ある日、お帰りの準備を始めると「家に帰りたくない」と言われました。あなたは、長男からの暴力を疑っています。あなたは、長男にどのように話を始めますか？

5．まとめ

・法令遵守だけでは、真の虐待防止にはならない。

・ひとりで抱え込まないで！！メッセージを伝えられる介護職でありますように。

・私たちの事業所が地域ネットワークのパイプでいられますように。

講師用

高齢者虐待防止に関する理解と家族支援

１．高齢者虐待防止法とは
- （　　65　　）歳以上の高齢者が対象。
- 家庭での養護者または施設などの職員による虐待をいう。
- 発見時は、（　　市町村　　）へ通報義務がある。

２．虐待の種類
「５つの虐待の種類がありますね。空欄に該当するものを具体的にいれてください」
※受講生をランダムに当てる。

身体的虐待	殴る、蹴る、たたく、つねる、手足を縛る（身体拘束）など。
ネグレクト	生活に必要な介護・介助の拒否、意図的な怠慢、劣悪な環境で放置、病院を受診させないなど。
心理的虐待	強迫、叱責、侮辱、侮蔑などの言葉による暴力。無視をするなど。
性的虐待	卑猥な言葉を言う、または言わせる、猥褻なことを強要するなど。
経済的虐待	年金や預貯金などを使い込む、生活に必要なお金を渡さない、または、使わせない、持ち家などを勝手に売却するなど。

「分類は明確にできるものとつながっているものがあります」
☆最悪の事態は些細なことが積み重なっている。

３．＜個人ワーク＞　※①②個人ワーク→①②グループで共有→②グループワーク→②発表
設問①：あなたが虐待をされていたら、どのような気持ち・行動になると思いますか？
※相手の立場になって真剣に考えさせる。

設問②：虐待に関して、職場として具体的にどのような取り組みをしていきたいですか？
※設問①を共有し、自分たちにできることを考えさせる。
「虐待防止は、ひとりで取り組むものではありませんよね？」
「人は余裕が無くなる時がありますよね。そんな時に仲間がいれば・・・・・・」

高齢者の虐待防止法

講師用

4．＜グループワーク＞

「先ほどは、職場としての取り組みを考えてもらいました。では、家族が関係しているかもしれない場合を、ロールプレイで検討していきましょう」

> ロールプレイとは、現実に起こる場面を想定して、それぞれ役を演じ、疑似体験を通じて、実際に起こったときに適切に対応できるようにする学習方法の1つである。役割演技ともいう。

※役割分担：介護職1名・家族1名・計測者1名・観察者残名を設定。
※時間配分内で、ロールプレイを実施し、観察者にフィードバックをもらう。（繰り返す）
※3つのパターンから対象をピックアップ。

＜訪問編＞

あなたが担当している利用者の木村さんは、時折、腕にアザがあります。木村さんは「ぶつけた」「転んだ」と自分のせいにしていますが、目を合わせてくれず、不自然に感じています。ある日、訪問すると、寒そうにしていたので、「暖房を入れましょうか？」と声をかけると「点けなくていい」と言われ、数回、暖房を点けるように促すと、「お金がないから」と寂しそうに言われました。買い物の時も、生活に必要なものでさえ、買うことを拒むので気になっていました。木村さんは長男と同居していますが、非協力的で内服の確認をお願いしても「面倒くさい」「忙しい」「知らない」といった状況です。あなたは、正直、虐待を疑っています。サ責に相談したところ、「長男に事実を確認してください」と言われました。あなたは長男にどのように話を始めますか？

＜入所編＞

入所者の木村さんは、月に1度、長男の自宅へ外泊します。3カ月前、帰所後、初の入浴日、腕に内出血があることをあなたは見つけました。「転んだ」と聞き、看護師に処置を依頼しました。先月も同様な状況で他のスタッフが腕にアザを見つけました。木村さんは、「気が付かなかった」と言い、疑問だけが残りました。主任に報告すると、「今月、帰所した際に、ご家族に、虐待について聞いておいて」と言われました。あなたは、どのように話を始めますか？

＜通所編＞

週2回、利用中の木村さんは、いつも明るく積極的に、リハビリやレクリエーションに参加していましたが、わき腹や背中が痛いと言い、見ていることが多くなりました。痛みへの質問をすると、話題を変えたり、以前はよくしてくれた同居の長男の話も全くしなくなりました。ある日、お帰りの準備を始めると「家に帰りたくない」と言われました。あなたは、長男からの暴力を疑っています。あなたは長男に、どのように話を始めますか？

「まず、あなた自身が冷静になり、客観的に事態を捉える努力をします。そのうえで、相手に、事実を確認します。(事実を確認するだけです)たとえば、最近、木村さんの腕にアザがあります。ご本人は、ぶつけた、転んだと言われていますが、ご存知ですか？という具合です。寒そうにしていましたので、暖房を点けましょうかと聞きましたら、お金がないから点けなくてよいと言われていました。最近、必要な物でさえ、買うことを拒まれます。という感じです。事実を突き詰めようと気持ちが走ると、尋問っぽくなるので、相手の反応を観ながら、ゆっくり進めていきます。慎重に対応しないと、木村さんと長男の関係が悪化することがあります。もしくは、長男が自分の現状に困っていたり、罪悪感があるとすれば、介護職が解決や心の負担を軽くする糸口を握っていることもあります。私はあなたの味方です。あなたの気持ちを聴かせてくださいとわかってもらうことは大切です。虐待していますよね？虐待を受けているんですか？は正義感ではありません。決めつけた聞き方は、タブーですよ」

「次に、単独で判断しないことです。虐待の事実を確認する前に、現状に疑問を感じたら、速やかに上司に報告してください。また、サービス提供中などに、利用者や家族への事実確認をお願いすることがあるかもしれませんが、不安がある時は、抱え込まず、上司に対応を相談してくださいね」

「次に、客観的に根拠を明確にしていきます。先入観があると、視点や視界は狭くなります。また、相手（木村さん、長男）に感情移入すると、事実を一方向だけで捉えてしまいますよ」

「最後に、情報を記録として管理することです。記憶ではなく、時系列にまとめておきます。他専門職種、行政と情報を共有する際、同じ内容で確認してもらえるようにします」

5．まとめ
- 法令遵守だけでは、真の虐待防止にはならない。
- ひとりで抱え込まないで！！メッセージを伝えられる介護職でありますように。
- 私たちの事業所が地域ネットワークのパイプでいられますように。

7 キャリアステップ研修

どんな介護職になりたい？
自分のことを話せますか？

　高らかな理念や夢を描いた人。第二の人生を介護職に懸けた人。
　もしくは、社会状況や生活事情のために、介護職を選ばざる得なかった人。
　皆さんは、どのような思いや願いを胸に、介護職になりましたか？
　日々の業務に追われ、時には、想定外の出来事に心身の疲れを感じ、それぞれの「初心」を忘れてしまうこともあるでしょう。
　私が研修内で「介護職を辞めようと思ったことがありますか？」という質問した際には、ほぼ全員が、多かれ少なかれ、そのような思いをしたことがあると返事をされます。
　そして、私は、続けて聞いてみます。
　「でも、皆さんは、今、介護職として仕事をされていますよね？」
　そうです。
　辞めようと思った時に、自分を引き留めた理由もそれぞれにあるのです。
　初心と同じく、忘れてしまっているのかもしれませんね。
　退職、離職は、新しいステップを踏み出す始まりでもあり、けっして、マイナスなことだけではありません。
　「思う存分、介護職を堪能した」
　そう思うまで、どんな介護職になりたいか追及してみませんか？

　厚生労働省は、キャリア（職業人生）のビジョンを描きやすくするために、キャリアマップと人材育成を目的とした職業能力評価シート（http://www.mhlw.go.jp/bunya/nouryoku/syokunou/07.html）を提示しています。
　時折、キャリアに大きく関係する「資格習得」や「やりがい」を職場のせいにしている介護職に出会います。
　もちろん、自分の個性を生かし、役に立つ働きをするには、土壌（職場）は大きく影響します。
　しかし、まず、自分自身が介護職として、どのような介護職でありたいか、なりたいかを、描けるかどうかは、重要です。

「介護福祉士を取得してから目指すものがない」と言い、他スタッフから孤立してしまうほどのモチベーションの低さになっているスタッフの指導方法が見つからないと嘆く施設長がいました。短期目標や長期目標を自己決定できるように面談の機会を設けたり、励みになるような評価制度を充実させるなど、職場レベルで支援の手段を整備することを提案してみました。

　多大なパワーが想定される中、「やってみます」と施設長は言ってくれましたが、効果効率よく、人財育成を行うためにも、日頃の研修に、個人としての介護職としての在り方を考えさせる内容を取り入れることもできます。

　また、用紙を回収して、個人面談や人事評価の参考資料として活用してください。
　参考資料では、評価するときのポイントを挙げておきます。

参考資料

介護職の評価は大きく3つに分かれます。
何を軸にするかによって、評価に影響が及びます。
管理職は視点に振り回されたり、ぶれることなく、評価に臨みましょう。

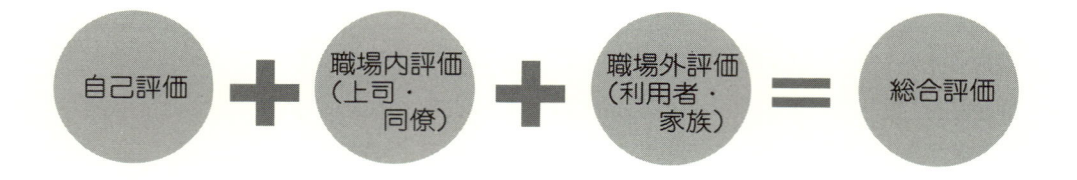

自己評価 ＋ 職場内評価（上司・同僚） ＋ 職場外評価（利用者・家族） ＝ 総合評価

＜他者を評価するときに注意したいこと＞

① 寛大化傾向…実際よりも甘く評価すること。よく話をしたり、私的な情報を多く知っているなど、日頃の関係性が無意識に影響している場合があります。えこひいきと言われるものです。

② ハロー効果…1つの優れた点（劣った点）があると他の項目も優れている（劣っている）と評価してしまうこと。たとえば、いつも礼儀正しいので、介護技術も確実に提供しているとみなしてしまうことです。

③ 中心化傾向…多数の被評価者を中間で評価してしまうこと。あたりさわりのない評価で普通が多くなってしまうことです。また、被評価者のことがよくわからない場合に、無難に評価してしまいがちです。

④　倫理的誤差…似ている評価項目を同一視してしまうこと。たとえば、話好きなので、営業成績がよいと思うなどです。
⑤　対比誤差…自分の反対の特性を持つ者を過少、もしくは、過大に評価してしまうこと。神経質な人はおおらかな人を過小評価するなどです。マネージャーとプレイヤーの職種の違いでも有り得ますね。

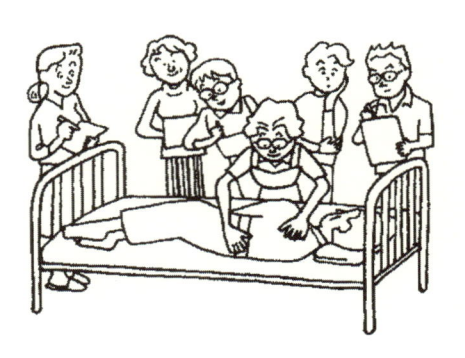

受講日	名前	講師名

キャリアステップ研修「自己分析」

1. あなたの介護職としての強みは何ですか？

2. 1の理由を具体的な場面や出来事を挙げて説明してください。

3. あなたの強みは組織（職場）でどのように活用できていますか？またはしたいですか？

４．あなたの介護職としての弱みは何ですか？

５．４を改善する取組みを具体的に挙げてください。例：ネットで検索する、書籍を読むなど。

６．介護職としての個人的な短期目標は何ですか？

講師用

キャリアステップ研修「自己分析」

「今日は、介護職としての自分をじっくり考えてみたいと思います。このような時間を持つことで、今の自分を感じたり、省みたり、忘れていた大事なことが思い出せるかもしれません。

専門職としてのキャリア（職業人生）をよりよいものにするために、定期的に、自己分析することは必要です。自分を知ることで、可能性や選択肢を広げることにもなります。このシートは回収します。今後の面談や評価の参考にさせてもらいますので、正直に考えてみてくださいね」

1．あなたの介護職としての強みは何ですか？

例：Aさん：重度の方の移動介助がスムーズにできる。
　　Bさん：いつも笑顔で積極的に会話ができる。

2．1の理由を具体的な場面や出来事を挙げて説明してください。

例：Aさん：スタッフが困っている時に、代わりに行い、利用者さんにお礼を言われた。
　　Bさん：新規の利用者に「あなたの笑顔に緊張がほぐれた」と褒めてもらった。

3．あなたの強みは組織（職場）でどのように活用できていますか？またはしたいですか？

例：Aさん：移動介助が苦手なスタッフに指導している。社内研修の講師をやってみたい。
　　Bさん：特にない。わからない。

キャリアステップ研修

講師用

4．あなたの介護職としての弱みは何ですか？

例：Ａさん：記録が苦手。簡潔に書けない。
　　Ｂさん：認知症の方の対応中に時々、イラつく。

5．4を改善する取組みを具体的に挙げてください。例：ネットで検索する、書籍を読むなど。

例：Ａさん：他のスタッフの記録を参考にしたり、真似ている。
　　Ｂさん：特になにもしていない。研修をやってほしい。

6．介護職としての個人的な短期目標は何ですか？

例：Ａさん：介護福祉士試験に合格したい。
　　Ｂさん：認知症ケアが適切にできるようになりたい。

「自分の強みや弱みを説明できること（わかっていること）は、それこそ、強みです。成長には自己分析が欠かせません。今の自分は、何がウリなのか、何が足りないか、どうなりたいのか、どうしたいのか・・・・・自分を知る機会を定期的に持つようにしましょう」

☆自覚する強みが他者が感じる弱み（改善点）であること、また、その逆もある。

> 管理職が観察し、それぞれの自己分析と照合し、導いていくことも役割です。
> 　上司が自分をわかってくれているという安心感が、働くうえで、重要です。
> 　安心感は、個性を発揮させ、職場貢献への気持ちが高まります。

✤ column ✤
自己効力感

　皆さんは自己効力感という言葉を聞いたことがありますか？心理学者のバンデューラが唱えた概念で、人が何らかの課題に直面した際、こうすればうまくいくはずだという結果や期待に対して、自分はそれが実行できるという信頼感や有能感のことをいいます。動機づけに大きな影響を及ぼす要因の1つと考えられています。

　私が介護福祉士の受験対策講座を担当する講師に研修をした際、はじめに取り入れた項目が「自己効力感」です。受験対策講座は教える側に専門知識を伝達指導するスキルが非常に求められますが、「合格できる」「合格できるかもしれない」と受講生が感じるか感じないかは試験当日までの自己学習に影響しています。

　では、自己効力感をどのように高めていくかを説明しましょう。

　① 個人的達成

　自らが成し遂げた達成経験。たとえば、情報の少ない新規利用者の初回利用時を担当し、喜んでいただけた経験が、次の新規利用者への対応への自己効力感につながります。この成功体験が最も強い影響があるといわれています。

　② 代理学習

　自分以外の達成経験を観察することで自分にもできそうだと感じること。昨年度、介護福祉士試験を受験した先輩に勉強の取り組み方の話を聞き、自分にもできそうな気持ちになることです。

　③ 社会的説得

　周りの人から励ましやサポートを受けることでも高まります。「あなたなら、できるよ」「がんばっていますね」など承認の声は安心にもつながります。反対に「試験まで日にちないし、もう遅いわ」「イベント企画、あまり期待していないから」など肩の力を抜かせるためでも否定的な声掛けは、自己効力感を下げることもあります。

　④ 情緒的覚醒

　疲れがたまっていたり、不安や鬱蒼としている時は、自己を否定する感情が強くなります。リラックスした前向きな心理状態では楽観的に物事を捉える傾向にあるので、高まります。しかし、一時的な感情は消滅しやすいと言われています。

　自己効力感の高まる職場で個人の目標達成や職場の業務改善を目指していきましょう。

8 介護職のストレスマネジメント

ストレスよ、こんにちは。
セルフケア＆チーム力でさようなら。

　介護職のバーンアウトやメンタルヘルス不調を耳にします。「あの人は、落ち込むタイプだから」「前向きに仕事してよね」個人レベルだけで、捉えてはいませんか？
　認知症対応は、時に、堂々巡りとなり、感情が揺らぐことがあります。そんな仲間に対して、「あー、たいへんそう」「私じゃなくてよかった」他人事で傍観していませんか？「私が代わりますよ」と交替する。「どうかされましたか？」と介入する。チームメイトを自然にサポートできる、また、してもらえる職場に成長しましょう。

　本項では、以下の研修計画案を提示します。作り込みの際、起こりうる状態（時間配分ミス・受講生の反応・ワークの内容など）を文書化することでイメージの度合いが深まります。
　また、研修の目的、達成課題などを再確認することができ、講義の際の意識が高まります。

参考資料

■研修計画案

研修名	介護職のストレスマネジメント
実施時間	18：00〜19：30（90分）
人　数	15名程度　　※5名×3グループで時間配分を計算しています。
目　的 （ねらい）	対人援助職としての自覚を持ち、心身の健康を心がけ、安全安心なケアを提供できる職場になる。
達成課題	①ストレスを説明できる。 ②介護職の労働の特徴を説明できる。 ③セルフケアに努め、組織の問題として取り組めるようになる。
研修形式	講義形式・個人ワークを材料としたグループワーク及び発表
評価規準	①ワークシートを回収し、記入項目数を得点、内容を講師判断で加点する。 ②グループワークでの態度、発言内容を観察する。 ③後日、現場で場面に出くわした際、行動につながっているかを確認する。

　達成課題は、「理解する」「再確認する」「習得する」を含めた意味で「説明できる」と表記しています。

■研修指導案

時間配分	指導項目	指導内容・キーワード	到達目標・ポイント	講師活動	留意点・注意点	評価観点評価規準
18:00〜18:05（5分）	・講師フリートーク	・季節や介護関連ニュース、職場時事ネタなど。「桜が咲き始めましたね」	・リラックスの後、研修への思考切替を促す。	・出席確認。・労をねぎらい、受講の意欲を認め褒める。	・遅刻者への配慮。・定刻で開始する。	
18:05〜18:15（10分）	・ストレスとは	・心理的反応・身体的反応・行動面の反応（行動の変化）	・ストレスは誰にでもある。・ストレッサーが長引くと心身への注意が必要。	・図を各自確認してもらい、隣席同士で、お互いの心あたりを交換させる。	・各自のストレス反応に対し、話しやすい雰囲気を作る。	・隣席への交流を取っているか。
18:15〜18:20（5分）	・快ストレス・不快ストレス	・適度なストレス・ストレスとパフォーマンス（生産性）の関係	・ストレスは悪影響だけではない。	・各自の適性をイメージさせる。		
18:20〜18:35（15分）	・介護職の4つの労働	・身体労働・知的労働・頭脳労働・感情労働	・奥の深い労働をしている自覚を持つ。	・到達目標達成のために、具体例を多く盛り込む。	・しんどい、つらいなどのイメージだけを残さないようにする。	・前方（講師）を見て、受講しているか。
18:35〜18:50（15分）	・介護職のストレス	・利用者・家族・その他、制度など	・ストレスになりやすいものを自覚を持つ。		・利用者や家族が悪印象にならないようにする。	・前方（講師）を見て、受講しているか。

介護職のストレスマネジメント

時間配分	指導項目	指導内容・キーワード	到達目標・ポイント	講師活動	留意点・注意点	評価観点・評価規準
18:50〜19:00（10分）	・セルフケアとチームサポート	<個人ワーク>・セルフケア・チームサポート	・ストレスに対して、心がけること、できることを文字化する。	・個人ワーク中に、巡回を行う。	・書き進まない場合、必要に応じて、声をかける。	・個人ワーク時間を十分使い、考えているか。
19:00〜19:15（15分）		<グループワーク>・個人ワークを共有	・具体的な予防策を共有する。	・5人程度のグループに分け、役割を決めさせる。	・全員が意見を発表できる時間配分を考えさせる。	・積極的に参加しているか。
19:15〜19:25（10分）※3グループ各3分	・発　表	・各グループ3分程度で発表。	・介護職としての意識を高め、セルフケアとチームサポートで心身の健康を持ち続ける必要性に気付く。	・傾聴の姿勢を再確認させてから、発表を始める。	・あらゆる意見に対して、一旦受容し、コメント、総評を行う。	・他グループの意見を傾聴しているか。
19:25〜19:30（5分）	・まとめ	・到達目標、ポイントを総合的に振り返る。	・本日の学びを整理する。	・「明日からできることがありましたね」と実践に結び付ける声かけを行う。	・明るく前向きな気持ちで終了できるように努める。	・ワークシートを回収する。

　研修を組み立てる際に、指導案を作ってみると、全体像が見えてきます。

受講日	名前	講師名

介護職ストレスマネジメント

1．ストレスとは？

ストレッサーによって、引き起こされる心理的反応、身体的反応、行動面の反応（行動の変化）をいう。　※ストレッサーとは、個人にとって負担となる出来事や周囲からの要請。

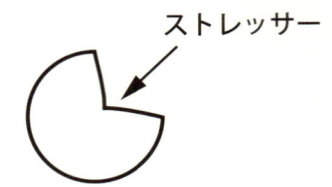

ストレスのない状態　　　ストレスのかかった状態

反応の種類	内　　容
心理面の反応	不安・混乱・緊張・興奮・気力低下・意欲減退・イライラ・短気・落胆・無気力・抑うつ・不満、憂鬱など。
身体面の反応	胃痛・冷汗・顔面紅潮・手の震え・頭痛・頭重感・疲労感・食欲低下・不眠・めまい・ふらつき・下痢など。
行動面の反応	遅刻・欠勤・仕事上のミス・口論・けんか・ギャンブル、飲酒量の増加・作業能率の低下・事故頻発・過食・生活の乱れなど。

2．快ストレスと不快ストレス

適度なストレスは、交感神経系を目覚めさせ、抵抗力、判断力、行動力を高める。過剰なストレスは慢性的に長く続くストレスで、心身を疲労させ、疾病の原因にもなる。

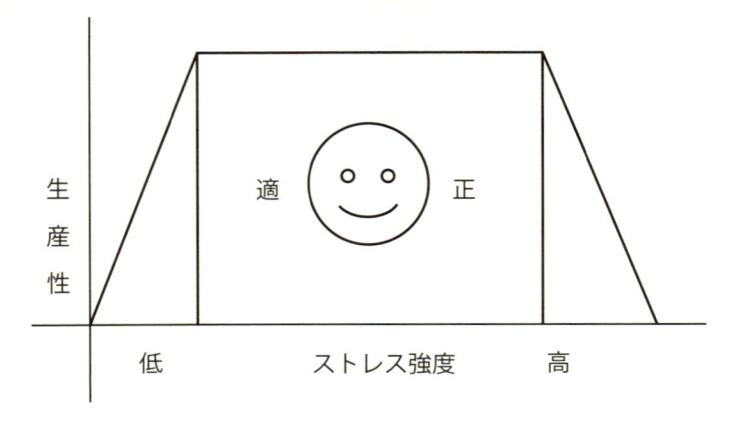

3．介護職の4つの労働

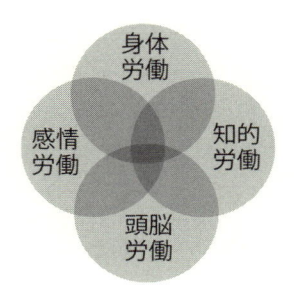

（身体労働・知的労働・感情労働・頭脳労働）

4．介護職（対人援助職）のストレスになりやすいもの

① 利用者
・性格や障害受容ができておらず、介助方法などを聞き入れてくれない。
・老化や認知症、精神疾患などで伝わりづらく、何度も同じ説明を繰り返さなくてはならない。

② 利用者家族
・利用者の状況を受け入れられておらず、会話が噛み合わない。
・家族の歴史や背景で介入できず、非協力的な状況に対応せざる得ない。

③ その他
・介護保険制度の規制があり、対応に限界がある。
・急変や緊急事態で変更があり、対応に追われる。
・スタッフの職歴、年齢、介護観などの違いが幅広く、また、資格や経験年数と実力が伴っていない。

受講日	名前	講師名

<ワークシート>

次の設問に答えてください。

☆セルフケア

1）あなたがストレス（心の負担・疲れ）を感じる時はどんな時ですか？

例）入浴介助が2日間続いた時。夜勤が7回ある時。

2）ストレス発散になる時間や趣味を具体的に書いてください。

例）買い物している時。家族と外食に行く時。好きな音楽を聴いている時。

☆チームサポート

1）仲間がストレスになりやすい場面で日頃からあなたにできることは何だと思いますか？

例）体重の重い利用者の場合は、二人介助の声かけを自分から行う。

風邪のひき始めなど体調が悪そうなスタッフには、体調の配慮をする。

介護職のストレスマネジメント

講師用

介護職ストレスマネジメント

1．ストレスとは？
ストレッサーによって、引き起こされる心理的反応、身体的反応、行動面の反応（行動の変化）をいう。　※ストレッサーとは、個人にとって負担となる出来事や周囲からの要請。

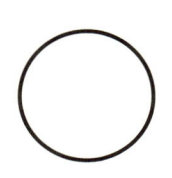

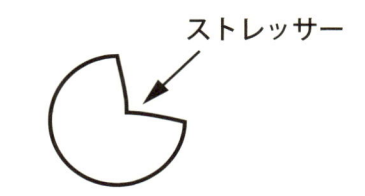

ストレスのない状態　　ストレスのかかった状態　　→ストレッサー

「たとえば、ストレスのない状態が○だとして、ストレッサーがかかると凹んだり歪んだりします。通常は、ストレッサーがなくなると、また、元の状態に戻りますが、これが、長く続くと、以下のようなことが起こり得ます。新規の利用者さんのケアの前はうまくいくかなと緊張したり、ストレスがかかりますが、ケアが終わると、ストレスはなくなります（緩和されます）ね。でも、中には、新規の利用者さんのケアが楽しみな人もいます。ストレッサーになるものは、過去の経験や印象、本人の性格やまわりからの影響などで、個人差があります」

「下の表で自分に当てはまることはありますか？」
※資料に○をしてもらい、前後左右と見せ合いをするよう促す。（強制にならないように）

反応の種類	内　　容
心理面の反応	不安・混乱・緊張・興奮・気力低下・意欲減退・イライラ・短気・落胆・無気力・抑うつ・不満、憂鬱など。
身体面の反応	胃痛・冷汗・顔面紅潮・手の震え・頭痛・頭重感・疲労感・食欲低下・不眠・めまい・ふらつき・下痢など。
行動面の反応	遅刻・欠勤・仕事上のミス・口論・けんか・ギャンブル、飲酒量の増加・作業能率の低下・事故頻発・過食・生活の乱れなど。

「反応が出ることが悪いことではなく、自分の傾向を知り、早めに緩和することが大切です」

57

講師用

2．快ストレスと不快ストレス

　適度なストレスは、交感神経系を目覚めさせ、抵抗力、判断力、行動力を高める。過剰なストレスは慢性的に長く続くストレスで、心身を疲労させ、疾病の原因にもなる。

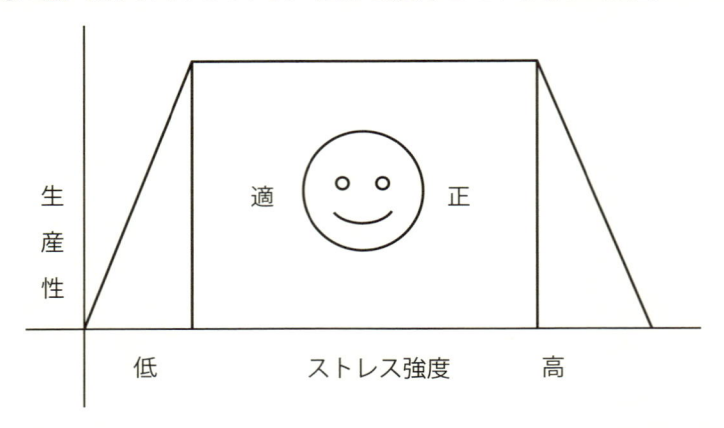

（図：生産性とストレス強度の関係を示す台形グラフ。中央に「適正」と笑顔マーク、横軸「ストレス強度」低～高、縦軸「生産性」）

　「ストレスは悪い影響ばかりではありません。ストレスが低いと、生産性（実績・遂行・成績）も、同じように低いですが、ストレスがある程度高まると、生産性も上がっていきます。大切なのは、ストレスとうまく付き合うことで、適正の範囲内でいるように心がけましょう。やはり、自分を知ることは大切ですね」

3．介護職の4つの労働

　「では、ここで、介護職の労働について考えていきます。皆さんは、介護職をどんな仕事だと説明しますか？お世話という人がいます。確かにお世話をしています。それだけでしょうか・・・・・」

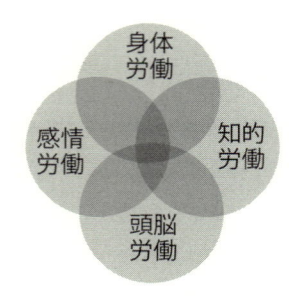

（図：4つの円が重なったベン図。身体労働、知的労働、頭脳労働、感情労働）

⇒身体労働・・・・自分より重い方や寝たきりの方など身体を酷使する場面もあります。

⇒知的労働・・・・制度、認知症ケア、オムツ交換など専門知識で仕事をしています。制度は改正され、ケア方法や福祉用具も進化しています。

⇒頭脳労働・・・・・時間内にやるべきことをやる。個別化データでケアをする。人数制限のある中で対応をする。実行したことを記録に残す。頭脳をフル回転しています。

⇒感情労働・・・・・頭で考えたことがうまくいかないことがありませんか？私たちの仕事の対象、つまり相手が人ですから、時には自分の感情を置き去りにして、対応することがあります。また、「死」という形で、別れを迎えることがあります。

☆「苛立ってはいけません、腹立ってはいけません」と誤解を与えないように注意。
☆自分の感情にいち早く気づき、感情を変換できることがプロの介護職。
☆仲間にヘルプの声を上げ、代わってもらう、代わることができる職場を目指す。

４．介護職（対人援助職）のストレスになりやすいもの
※心の負担、疲れを感じやすいという風に説明。
① 利用者
・性格や障害受容ができておらず、介助方法などを聞き入れてくれない。
・老化や認知症、精神疾患などで伝わりづらく、何度も同じ説明を繰り返さなくてはならない。

② 利用者家族
・利用者の状況を受け入れられておらず、会話が噛み合わない。
・家族の歴史や背景で介入できず、非協力的な状況に対応せざる得ない。

③ その他
・介護保険制度の規制があり、対応に限界がある。
・急変や緊急事態で変更があり、対応に追われる。
・スタッフの職歴、年齢、介護観などの違いが幅広く、また、資格や経験年数と実力が伴っていない。

☆だからこそ、職場でのお互いのサポートが肝心。

講師用

＜ワークシート＞
次の設問に答えてください。

☆セルフケア
1）あなたがストレス（心の負担・疲れ）を感じる時はどんな時ですか？
　　例）入浴介助が2日間続いた時。夜勤が7回ある時。
　例：　Aさん：希望休が取れない時
　　　　Bさん：子どもとゆっくり話ができない時
　　　　Cさん：あまり感じない

2）ストレス発散になる時間や趣味を具体的に書いてください。
　　例）買い物している時。家族と外食に行く時。好きな音楽を聴いている時。
　例：　Aさん：お笑い番組を見る。
　　　　Bさん：好きな入浴剤でお風呂に入る。
　　　　Cさん：旅行　　　※それ自体、できていないことに気付くこともある。

☆チームサポート
1）仲間がストレスになりやすい場面で日頃からあなたにできることは何だと思いますか？
　　例）体重の重い利用者の場合は、二人介助の声かけを自分から行う。
　　　　風邪のひき始めなど体調が悪そうなスタッフには、体調の配慮をする。
　例：Aさん：未記入。
　　　　Bさん：飲みに行く。
　　　　Cさん：希望休が取れるように協力する。

「"おはようございます、お疲れ様でした"と目を見て挨拶をする。
"ありがとう"と労をねぎらう。報告連絡相談を徹底する。決められたルールやケアを適切に行う。これら、あたりまえのことができていないと誰かのストレスになりますよね」

9 冬はいらない!? 高齢者の水分補給の重要性

「水分補給の時間ですよ」より「お水、ちょうだい」

　11月、ある施設での研修風景です。
　風邪ひきの入所者が目立つようになり、施設長が、急遽、インフルエンザについての説明と予防の実施を促した後、「部屋が乾燥しているので、水分補給もしっかりお願いしますね」と付け加えました。
　すると、入職2年目の谷さんが、「夏しか水分補給は必要ないですよね？」と質問しました。
　施設長は、「ありがとうございます。谷さんはどうしてそう思いますか？」と聞き返しました。
　「夏は、暑いし、汗をかきますが、冬は、暑くないですし、汗もかかないですし……」
　どうやら、谷さんは、身体の特徴（老化）や疾患などで自発的に水分補給を訴えることができなくなっていたり、口渇感を自覚できない高齢者の現状があることを理解できていないようでした。
　施設長は時間の都合もあり、補足説明で、水分補給の重要性を示し、次回の研修につなげることにしました。

参考資料

＜高齢者の水分補給の必要性ついて＞
　加齢とともに、人間の体には次の3点の変化が見られるようになります。
① 水分を蓄える筋肉が減少してくる。
　⇒体内の水分量が少なくなる。
② 水分調節に重要な腎臓の機能が低下してくる。
　⇒老廃物を排出するため、多くの水分が必要となる。
③ 体の感覚が鈍くなり、のどの渇きを感じにくくなる。
　⇒水分が必要でも本人の自覚がない。

さらには、排せつを考え、面倒くさい、迷惑がかかる、飲水や飲茶をお願いしづらい、手を煩わせなくない、など、精神的な理由も想定されます。

　のどが渇いたときには既に脱水症状というケースや、悪化すると意識レベルが低下し、こん睡状態、さらには疾患を誘発し、死に至ることがあります。

　脱水症状にならないために、介護職はどんな関わりができますか？

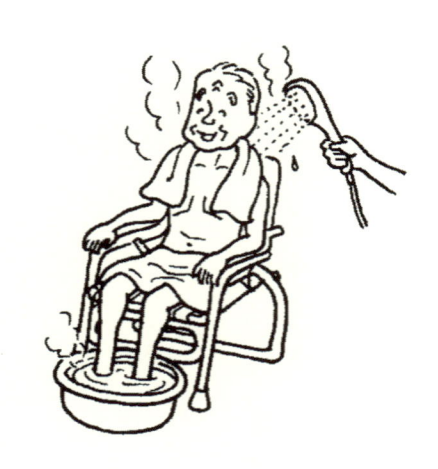

受講日	名前	講師名

高齢者の水分補給について

1．＜グループワーク＞

入居者の清水さんは、飲むことが少なく、食事の際やその他の時間に水分補給をお勧めしても、「いらない」「飲みたくない」と言われ、拒否することが大半です。さて、あなたは、清水さんに対して、どのような水分補給の工夫をしますか？（他の条件は自由に設定してください）

＜高齢者の水分補給の必要性ついて＞

加齢とともに、人間の体には次の3点の変化が見られるようになります。

① 水分を蓄える筋肉が減少してくる。
② 水分調節に重要な腎臓の機能が低下してくる。
③ 体の感覚が鈍くなり、のどの渇きを感じにくくなる。

脱水症状にならないために・・・・
　　　　　定期的に 水分 を摂る関わりをする必要がある！！

2．＜ワンポイントスキルアップ＞

人が行動を起こすときには、「　　　　　　　　」があってこそ。
・自分にとっての必要性を感じること。
・関心や興味があること。
・人間関係が影響している。

講師用

高齢者の水分補給について

「日頃から水分補給は心がけてくれているので、グループワークから入りますね」

１．＜グループワーク＞

入居者の清水さんは、飲むことが少なく、食事の際やその他の時間に水分補給をお勧めしても、「いらない」「飲みたくない」と言われ、拒否することが大半です。さて、あなたは、清水さんに対して、どのような水分補給の工夫をしますか？（他の条件は自由に設定してください）

※ 水分補給に関することの認識を把握するために、いきなり、グループワークから入る。
　「頭ごなしに"飲んでください""飲まないとだめ"では、相手は動かないですよね」
※ 発表の際、拒否する理由を本人に確認しないグループは、拒否事例は特に、清水さんの心情に沿うアプローチを忘れていないか考えさせる。傾聴スキル（p.8参照）

＜高齢者の水分補給の必要性ついて＞
加齢とともに、人間の体には次の３点の変化が見られるようになります。
① 水分を蓄える筋肉が減少してくる。
② 水分調節に重要な腎臓の機能が低下してくる。
③ 体の感覚が鈍くなり、のどの渇きを感じにくくなる。

※参考資料から講義する。

脱水症状にならないために・・・・
　　　　　定期的に 水分 を摂る関わりをする必要がある！！
「１日に必要最低量はどれくらいでしょうか？」
受講生例）「１リットル」「１.５リットル」「２リットル」など。
「体重や身長などによって厳密には違いますが、身体機能上、汗や老廃物の排出を考えると、１.２リットルから１.５リットルは摂取したいですね。ただし、疾患のより水分制限が必要な方もいますので、確認が必要ですよ」

２．＜ワンポイントスキルアップ＞
　人が行動を起こすときには、「　　自己決定　　」があってこそ。

・自分にとっての必要性を感じること。
⇒自覚してこそ、人は行動の変化につながります。
⇒情報提供は私たちの役割のひとつです。
　「今日、学んだことを、伝えてください。情報提供は自己決定につながりますよ」
　バイステックの７原則（p.９参照）

・関心や興味があること。
⇒必要性を感じると、もっと知りたくなったり、自分に変化を感じると、自発的行動につな
　がります。

・人間関係が影響している。
「利用者と介護職の関わりでは、これが一番、影響しているかもしれませんね」
⇒「あなたが言うなら仕方ないなー」「それなら、飲もうか」
　「お水、一杯、ちょうだい」　気軽に声を掛けてもらえる努力や排せつなどは、精神面での
　負担を思わせないスキルも必要です。

☆「何度言っても飲まない」「飲んでくれない」ついには「頑固者！！」ではなく、適切な
　知識をもったうえで、今一度、自分たちの関わりを見直しましょう。

memo

10 事故発生又は再発防止に関する研修

事故防止には、リスクマネジメントスキルが必要

　皆さんの職場では、事故及び事故未遂を分析・数値化し、再発防止に努めていますか？

　介護現場の事故を回避していくには、リスクマネジメントの手法は必須です。具体的な実践は、ヒヤリハット報告を活用することになります。

　多くの介護現場で取組みがされていますが、実際を聞いてみると、「報告枚数が少ない」「報告者が限られている」「記載内容が未熟」と各スタッフに関する課題とヒヤリハット委員会や事故防止委員会として、担当者を選出していても、「適確な分析ができていない」「防止策が浸透していない」「提出分に対して未処理・未対応」など委員会活動を理由とした課題があるようです。

　ヒヤリハット報告書の中には、オリジナルのマニュアルを作る材料が多くあります。

　たとえば、脱衣場での転倒が多発しているのであれば、「脱衣場での移動には、ＡＤＬに関わらず、必ず、介助者がつく」と注意を促す項目を盛り込めばよいのです。ヒヤリハット報告書は業務改善の宝箱のようなものです。

　ヒヤリハット報告や事故防止に関する様々な課題を解決するためには、２つのことが必要です。

　・必要性を適切に理解しているか？（心構え・取り組む姿勢）
　・リスクを想定することができるか？（スキル）

　事故防止やヒヤリハット報告の定着化に向け、自主的に取り組めるようになるために、２つの視点で、リスクマネジメントスキルを身に付けていきましょう。
　このスキルは、日頃のサービス提供や対人関係にも役立ちます。

参考資料

リスクマネジメントとは、

リスク ＝ 事故・トラブル　　　マネジメント ＝ 管理する。

＜２つの視点＞
① 起きる前・・・・・・予防
　　　未然に防ぐために**対策**を整えておく。
② 起きた後・・・・・・対応
　　　被害を最小限にするため、適切な**対処**を行えるようにする。

＜対策と対処を考えるタスク＞
① 環境　　② 人　　③ 物　　④ 介護職の職能

「車椅子での通院介助をする場合、リスク（危険やトラブルのおそれ）になるものは？」

① 環　境	・天気やその変化　・寒暖　・待機休憩場所 ・人ごみ　・バリアフリー　・道幅や段差
② 人（利用者）	・本日の体調　・ＡＤＬ　・体力　・通院への印象や意欲 ・介護職への印象　・車椅子からの転落　・認知度や理解度
③ 物	・車椅子の状態（空気・座り心地・ブレーキ） ・上着　・排せつ用物品　・診察券
④ 介護職の職能	・通院経験　・車椅子や移動介助技術　・利用者への印象

さらに・・・・・・
天候が変わり、風邪をひくかもしれない。
診察券を忘れて、待ち時間が増え、昼食に間に合わないかもしれない。
介護職の対応が悪く、次回の受診に拒否が出るかもしれない。

ひとつのリスクは大きなダメージを含んでいる。
逆に、事前にリスクに対する防止（注意を払う）ことでダメージを回避できる。

どのように、介護事故のリスクマネジメントや委員会活動をしてよいのかわからない場合は、
①それが起こった場合に利用者・施設及び事業所に与えるダメージの大きさ
②それが起こる頻度（確率）
この２つが大きい（高い）ものから、取り組んでいきましょう！！

受講日	名前	講師名

事故発生又は再発防止に関する研修

1．リスクマネジメントとは、

リスク ＝事故・トラブル　　　マネジメント ＝管理する。

＜2つの視点＞

① 起きる前・・・・・・予防
　　未然に防ぐために**対策**を整えておく。

② 起きた後・・・・・・対応
　　被害を最小限にするため、適切な**対処**を行えるようにする。

＜3分間　個人ワーク＞
「入浴介助の際、リスクになるものを5つ、挙げてください」

1. ＿＿＿
2. ＿＿＿
3. ＿＿＿
4. ＿＿＿
5. ＿＿＿

＜対策と対処の考え方＞

環　　境	
人	
物	
介護職のスキル・意識	

事故防止は、事故を具体的に想定できてこそ！！

2．次の事例からリスクマネジメントできることを考えよう。

　入所者の遠藤さんは、夜間のみ、ポータブルトイレを使用しています。尿意があり、自分で移動して、排せつを行いますが、3日に一度程度、つまづき、床に座っているところを、巡回時に発見されます。現在のところ、打撲や骨折には至っていません。また、リハビリパンツやパジャマを、きちんと着衣できていないまま、ベッドの端の方で寝ていることがあります。　※遠藤さんは認知症ではありません。他の条件は自由に設定してください。

想定できるリスク	考えられる理由	対策・対応

3．まとめ

事故発生又は再発防止に関する研修

講師用

事故発生又は再発防止に関する研修

１．リスクマネジメントとは、

リスク ＝事故・トラブル　　マネジメント ＝管理する。

＜２つの視点＞

① 起きる前・・・・・・予防

　　未然に防ぐために**対策**を整えておく。

② 起きた後・・・・・・対応

　　被害を最小限にするため、適切な**対処**を行えるようにする。

※事故は不可抗力で起こる場合もある。起きた後の対処スキルを持つことも重要。

＜３分間　個人ワーク＞

「入浴介助の際、リスクになるものを５つ、挙げてください」

1．例：滑って転倒する。
2．例：湯温が熱く、やけどをする。
3．例：着替えを忘れて、風邪をひく。
4．例：湯温が低くては入れない。
5．例：石鹸が目に入る。　　　　　　　など。　　⇒主語は誰？　利用者？介護職？

「"もう二度と入りたくない"と思わせることもリスクですよ」

＜対策と対処の考え方＞

「４つの側面から考えてみてください。３分間ワークで書いた数字を当てはめてみてください。側面の片寄りはありませんか？考え方の視点や視野が狭くないですか？」

環　　境	１・２・４
人	１・２・３・４・５
物	３
介護職のスキル・意識	１・２・３・４・５

「介護職のリスクマネジメントスキルが利用者にダイレクトに影響しています！！」

事故防止は、事故を具体的に想定できてこそ！！

2．次の事例から、リスクマネジメントできることを考えよう。

　入所者の遠藤さんは、夜間のみ、ポータブルトイレを使用しています。尿意があり、自分で移動して、排せつを行いますが、3日に一度程度、つまづき、床に座っているところを、巡回時に発見されます。現在のところ、打撲や骨折には至っていません。また、リハビリパンツやパジャマを、きちんと着衣できていないまま、ベッドの端の方で寝ていることがあります。　※遠藤さんは認知症ではありません。他の条件は自由に設定してください。

想定できるリスク	考えられる理由	対策・対応
転倒の頻度が多くなる。	・遠藤さんに危機感がない。 ・尿意を我慢できなく慌てる。 ・ポータブルトイレの位置が悪い。 ・室内が暗くて、よく見えない。 ・下肢筋力が低下している。	・排せつ時にコールを押してもらうように説明する。 ・毎回、ポータブルトイレの配置場所を確認する。 ・夜間巡回を増やし、早期対応できるようにする。
打撲や骨折をする。	・上記参照	・上記参照。
褥瘡になる。	・パジャマやシーツのしわ	・きちんと着衣するように説明する。 ・発見時、着衣を整える。
ベッドから転落する。	・ベッドの端の方で寝ている。	・排せつ時にコールを押してもらうように説明する。 ・夜間巡回を増やし、早期対応ができるようにする。 ・柵の設置が安全かどうか確認する。
安眠できない。	・転倒で目が冴える。 ・夜間排せつへの不安が高くなる。 ・床上での時間がある。	・排せつ時にコールを押してもらうように説明する。 ・安心できる声かけを行う。 ・遠慮しない話かけやすい雰囲気を作る。
隣室とのコミュニケーション悪化・トラブル	・生活音（騒音）が夜間に響く。 ・床上からの介助などで時間がかかる。	・排せつ時にコールを押してもらうように説明する。 ・他利用者に迷惑のないように、音や光の短時間を心がける。

※書き方は自由です。対策を考え、実施に結び付けることが大切。
※対策・対応は1つとは限らない。

3．まとめ

　☆介護職が利用者の安全安心を担っている（＝作っている）。
　☆定期的なマニュアルの見直しや勉強会でスキル向上を目指す。

11 事 例 検 討

風穴を開けて、リフレッシュ！！
発散・交流型研修のススメ

慢性的な人手不足、予期せぬ感染症で特別なケア
　　　　　　　　　　・・・・疲労感を感じずにいられません。
ヒヤリハットや家族との行き違い、利用者との誤解
　　　　　　　　　　・・・・気持ちがぐんと滅入ります。
職員間のコミュニケーションが思うように取れず虚無感
　　　　　　　　　　・・・・このままでいいの？自問自答が続きます。
そんな時こそ、発散・交流型の研修で、現状に清々しい風を吹かせていきましょう。

参考資料

〈グループワーク内の巡回や発表時の観察ポイント〉

① コミュニケーション状態（人間関係状態）

　ずっと、片側に背中を向けて話す、目線を合わそうとしない、メモばかり取っているなど、苦手意識があると交流を避けようとする防衛本能が働きがちです。

② 発信と受信のバランス

　参加意欲や主体性が持てない人、知識や経験が乏しくて発信ができない人、意見として発言できない人、進行役を無視して、人の意見にも割り込んでくるワンマンショーの人などを観察します。

③ 適切かつ的確な発信内容

　「高齢者は頑固だから、拒否するのよ」「利用者の言うことを聞いたらだめなの。わがままがエスカレートするからね」　先輩スタッフが新人スタッフに意見する場面には要注意です。

④　批判や非難をしない受信姿勢

「それは違うわ」「あり得ない」「無理だって」　相手の発信を精神的に妨げる発信が、力関係や馴れ合いが影響するのか、本人には悪意なく、圧力をかけていることがあります。

⑤　指示どおりのワーク学習

グループワーク中に、事例問題の登場人物が、実際の入居者に変わっていくことがあります。自分たちの近しい人に置き換えて実践できるようになることは事例検討の目的のひとつですが、ここでは指示どおりに行えるかがポイントです。業務改善の伝達や内服などの利用者の更新情報の速やかな実践、適切な仕事ぶりが想像できます。

⑥　時間配分などのルール厳守

時間を有意義に使うという意味では、早く終わり過ぎるグループ、意見の出し合いでまとめる時間が不十分なグループなどがあります。定時どおりの業務開始やサービス提供時間内での予定どおりの提供がなされているか、垣間見られるかもしれませんね。

　ワーク前に、進行役や計測者などの役割設定や事前注意をしていても、ワーク中は、個性や性格が出やすく、スタッフの新しい一面やグループ内での存在を知るための参考になります。

受講日	名前	講師名

事例検討① 「レクリエーションへの参加」

　事例検討とは、日常の介護を「事例」として取り上げ、そこに「分析」を加え、介護者の援助技術を高めようとする手段のことです。お互いの気付きを共有し、検討することで、問題点を発見し、自らのスキルアップ、また、その改善に結びつけることができます。

1．「事例検討を行う際のルール（守りたいこと）を<u>1つだけ</u>、下の空欄に書いてください」（3分）

```
┌─────────────────────────────────────────────┐
│                                             │
│                                             │
│                                             │
│                                             │
└─────────────────────────────────────────────┘
```

2．＜グループワーク＞

　入所者情報：　田中さん、76歳、男性、介護度2、認知症なし。
　田中さんは、入浴や食事などの拒否はありませんが、食事以外、自室で過ごされています。
　スタッフが、レクリエーションにお誘いしても、「行かない」「興味がない」とお断りされますが、以前、地域の方々によるフラダンスのイベントには、自ら、食堂に出てこられていたことありました。ある日、スタッフは田中さんが、来てくださればよいなと思い、また、フラダンスのイベントを行うことにしました。前日まで、楽しみにされていたようですが、当日、スタッフがお誘いに行くと「行かない」と言ったまま、床についてしまいました。
　さて、田中さんへどのようなアプローチを行いますか？

講師用

事例検討① 「レクリエーションへの参加」

　事例検討とは、日常の介護を「事例」として取り上げ、そこに「分析」を加え、介護者の援助技術を高めようとする手段のことです。お互いの気付きを共有し、検討することで、問題点を発見し、自らのスキルアップ、また、その改善に結びつけることができます。

1．「事例検討を行う際のルール（守りたいこと）を1つだけ、下の空欄に書いてください」（3分）

> 例：相手の意見を否定しない。　人の話を遮らない。　全員が話すようにする。
> 　※ 内容が重なっていても、少人数なら全員、時間の許す限り、発表してもらい、
> 　　 ホワイトボードに記入しておく。（5分～8分）

2．＜グループワーク＞
　入所者情報：　田中さん、76歳、男性、介護度2、認知症なし。
　田中さんは、入浴や食事などの拒否はありませんが、食事以外、自室で過ごされています。スタッフが、レクリエーションにお誘いしても、「行かない」「興味がない」とお断りされますが、以前、地域の方々によるフラダンスのイベントには、自ら、食堂に出てこられていたことありました。ある日、スタッフは田中さんが、来てくだされればよいなと思い、また、フラダンスのイベントを行うことにしました。前日まで、楽しみにされていたようですが、当日、スタッフがお誘いに行くと「行かない」と言ったまま、床についてしまいました。
　さて、田中さんへどのようなアプローチを行いますか？

事例検討

講師用

※グループワークは20分程度。その後、発表。

「では、発表の前に確認です。ホワイトボードに書かれたルールは守れましたか？話に熱中すると、意見を言いたい、伝えたい一心で、人の話を遮ったり、時間配分を考えず、自分だけが話してしまったりしますね」

※各グループの発表を受容した後、
「同じ事例で、いくつかのアプローチ方法が出てきました。私たちはチームケアをしています。田中さんにとって統一したアプローチを目指す必要があります」
「レクにお誘いした場合、行くのか行かないのかは利用者が決めることです。私たちは、行きたいなと自己決定ができる関わり、レクの内容を心がける必要があります。"せっかくお呼びしたのに" うっかり言ってしまいそうですが、田中さんにすれば、それはそちらの都合でしょ、と言いたくなるかもしれませんよ。思いが先走ると押しつけがましくなります」
「レクやリハビリの場合、数回、断られると、自分の誘い方を省みず、"田中さんは来ない人"と決めつけ、いつしか声かけすらしない状況に陥りがちです。相手の（行く行かないの）選択に関わらず、平等にお誘いする（情報を提供する）ことを忘れずに」

☆30分～40分程度で、できる身近なワークを取り入れ、ＯＪＴで指導したい内容を、盛り込んでいきましょう。

✤ column ✤
ハートフル施設長

　長谷川施設長と介護スタッフが話しているのを聞いていると、耳心地がよいなと感じます。認知症の方のＢＰＳＤにサービス提供がうまくいかないと悩むスタッフには、「特徴のある利用者さんの場合は……」と説いていきます。また、「暴言を吐いている……」とは言わず、「荒い口調になっている方には……」とこんな具合です。言葉に出す表現には、イメージや先入観を植えつけるので、特に、気を遣っていると言われていました。そういえば、こんなことがありました。「ＩＣＦをどう教えたらいいでしょうか？」と独自の介護価値観で熱弁を振るう施設長がいました。ある日、研修を見学させてもらった際、「悪い方の手は……」「何度言ってもわからない利用者は……」「問題行動ばかり起こす認知症……」いかがですか？

　皆さんの表現が介護スタッフの思い込みや偏見を作り出している可能性がありますよ。

12 認知症ケア

認知症の医学的理解は職務です!!

　皆さんの利用者には、認知症、もしくは、認知症状のある方が多くいらっしゃるかと思います。

　認知症ケア、具体的には、中核症状や周辺症状（BPSD）への対応は、日々のサービス提供において、基本的ケアに立ち返らないといけないスタッフや職場、もしくは、スキルアップを望みたいなど様々な課題があるようです。

　私が、周辺症状が目立つ際の対応の相談や質問を受ける際、場面対処的なケアを繰り返し、そのために、介護職が自分自身を疲労させているように思うことがあります。

　「僕らは、興奮した人を落ち着かせ、徘徊する人の安全を確保するのが第一目的だから、疾患別に認知症を知っても、あまり、役立たないんですよ」と言われたことがあります。

　言うまでもなく、目の前の表現や発信（中核症状・周辺症状など）を緩和するよう試みることは、リスクを回避し、本人の安心のために、大切なことです。

　しかし、自分の目的ばかりに集中すると、火消しケアに過ぎないことや、対応によっては介護職が大火事にしていることもあります。

　介護福祉士受験の試験項目には、新規準（平成24年度・第24回試験）から、「認知症の理解」が組み込まれ、認知症の知識と適切な対応は、国が求める介護福祉士像として、必要な技能になっています。もちろん、医師の鑑別診断があり、疾患名がつき、初めて、認知症患者となります。場合によっては、薬が処方され、治療は医療や看護の役割ですが、その治療を支える介護や生活は、介護職が大きく担っています。

　平穏な時間を維持する、不安や不信を和らげる、進行を加速させない‥‥‥。
　その人らしさを支援できる関わりを、目指していきましょう。

参考資料

認知症とは「生後いったん正常に発達した種々の精神機能が慢性的に減退・消失することで、日常生活・社会生活を営めない状態」をいいます。
⇒いろいろな原因で脳の細胞が死んだり、働きが悪くなったために様々な障害が起こり、生活するうえで支障が出ている状態をいう。

☆鑑別診断の元、医師が診断して、認知症と疾患名がつきます。

認知症の症状ー中核症状と周辺症状（BPSD）

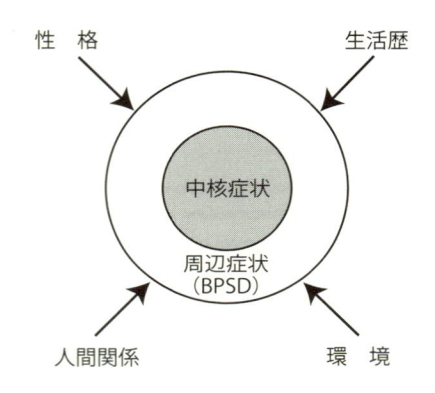

```
        性　格              生活歴
            ↘            ↙
              ┌─────┐
              │ 中核症状 │
              │周辺症状 │
              │（BPSD）│
              └─────┘
            ↗            ↖
        人間関係            環　境
```

中核症状・・・脳の細胞が壊れることによって直接起こる症状。記憶障害、見当識障害、理解・判断力の低下、実行機能の低下などで、現実を正しく理解できなくなる。

周辺症状・・・抑うつや妄想などの心理症状や日常生活への適応を困難にする行動上の変化。元来の性格、素質、生活歴、職歴、環境、心理状態、人間関係などの要因が絡み合っている。

☆中核症状と周辺症状（BPSD）は相互に関係しており、出現の仕方は様々です。

中核症状

記憶障害	初期症状は、いわゆるもの忘れや記名障害として認められる。食事や入浴などのエピソード記憶の保持が非常に短くなり、（食べてない・やってない）生活に支障を来たしやすい。
見当識障害	現在の年月日や時刻、場所など基本的な状況を把握することができなくなる。進行すると季節や自分の年齢がわからなくなる。人の生死に関する記憶や関係性（間柄）、人物誤認など人間関係の見当識障害はかなり進行した場合にみられる。
理解・判断力の障害	考えるスピードが遅くなる、同時に物事を処理できなくなる、些細な変化でも混乱を起こしやすくなる、電化製品を使えなくなるなど、考えることに障害が起こる。
実行機能障害	計画を立てて按配（調整・実行）することができなくなる。献立を想定して買い物ができない、交通機関を使って目的地へ行けないなど。
感情表現の変化	上記の障害により、まわりの情報や関わり（刺激）に対して、適切な解釈ができなくなるため、まわりの人が予測しない喜怒哀楽の反応、感情の不安定、自発的行動の低下などが起こる。

周辺症状（BPSD）

行動症状	心理症状
暴力・暴言・徘徊・不潔行為（弄便）・拒絶・異食・攻撃・収集・繰り返し行動・作話・火の不始末・拒食など	抑うつ・不安・幻覚・妄想・睡眠障害・興奮・人格変化

　周辺症状の悪化要因は、認知症による脳組織の変化（疾患の進行）や、体調不調、人間関係や介護環境の変化、薬剤、寝たきりや閉じこもりで他者との交流の機会が少ないなどが考えられます．

受講日	名前	講師名

認知症ケア①医学的理解

１．認知症とは？

　認知症とは、いろいろな原因で脳の細胞が死んだり、働きが悪くなったために様々な障害が起こり、生活するうえで支障が出ている状態をいう。

２．認知症の基本的理解

　＜ワーク＞「あなたが知っている認知症に関することを書いてください」

認知症の症状－中核症状と周辺症状（BPSD）

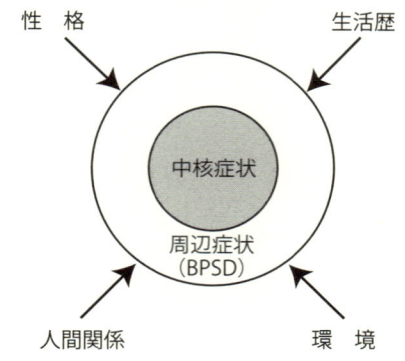

性格　　　　　　　　　　生活歴
　　　↘　　　　　　　　↙
　　　　中核症状
　　　周辺症状
　　　（BPSD）
　　　↗　　　　　　　　↖
人間関係　　　　　　　　環境

　中核症状・・・脳の細胞が壊れることによって直接起こる症状。記憶障害、見当識障害、理解・判断力の低下、実行機能の低下などで、現実を正しく理解できなくなる。

　周辺症状・・・抑うつや妄想などの心理症状や日常生活への適応を困難にする行動上の変化。元来の性格、素質、生活歴、職歴、環境、心理状態、人間関係などの要因が絡み合っている。

中核症状

＜記憶障害＞

初期に認められる症状。新しい記憶を覚えられない。

＜見当識障害＞
　見当識とは、現在の年月や時刻、自分がどこにいるかなど基本的な状況を把握することをいい、それらに障害が起こる。

＜理解・判断力の障害＞
ものを考えることに障害が起こる。
（1）　考えるスピードが遅くなる。
（2）　二つ以上のことが重なるとうまく処理できなくなる。
（3）　些細な変化、いつもと違う出来事で混乱を来しやすくなる。
（4）　観念的な事柄と、現実的、具体的なことがらが結びつかなくなる。

＜実行機能障害＞
計画を立て調整し、実際に行うことができなくなる。

＜感情表現の変化＞
　記憶障害や、見当識障害、理解・判断の障害のため、周囲からの刺激や情報に対して正しい解釈ができなくなっているため、まわりの人が予測しない喜怒哀楽の反応、感情の不安定、自発的行動の低下がある。

周辺症状（BPSD）

行動症状	心理症状
暴力・暴言・徘徊・不潔行為（弄便）・拒絶・異食・攻撃・収集・繰り返し行動・作話・火の不始末・拒食など	抑うつ・不安・幻覚・妄想・睡眠障害・興奮・人格変化など

　周辺症状の悪化要因は、認知症による脳組織の変化（疾患の進行）や、体調不調、人間関係や介護環境の変化、薬剤、寝たきりや閉じこもりで他者との交流の機会が少ないなどが考えられる。

3．まとめ

講師用

認知症ケア①医学的理解

1．認知症とは？

認知症とは、いろいろな原因で脳の細胞が死んだり、働きが悪くなったために様々な障害が起こり、生活するうえで支障が出ている状態をいう。　　⇒後天的な疾患。

「たとえば、老化によるもの忘れと認知症のもの忘れはどんな違いがあるでしょうか？」

老　化	認知症
自覚がある（朝食のメニューを忘れる）。	自覚がない（朝食を食べたことを忘れる）。
体験の一部分を忘れる。	体験全体を忘れる。
ヒントで思い出せる。	ヒントで思い出せない。
新しい出来事を記憶できる。	新しい出来事を記憶できない。
時間や場所などの見当識が保たれる。	時間や場所などの見当識が低下する。
日常生活に支障がない。	日常生活に支障がある。

「これだけの違いがあります。では、今から、認知症に関して知っていることを何でも書いてください」

2．認知症の基本的理解

＜ワーク＞「あなたが知っている認知症に関することを書いてください」

> 例：アルツハイマー型認知症　（疾患名だけを記載する人）
> 高齢になれば、必ず全員がなる　（誤解している人）
> 徘徊する　（ケア体験から記載している人）
> 何も言っても通じない　（ケアに影響を与える思い込みをしている人）
> 中核症状と周辺症状があり、個別化した適切な対応が求められる。　（知識を有している人）
> ※ 巡回や発表で現状レベルを把握する。

認知症ケア

講師用

認知症の症状ー中核症状と周辺症状（BPSD）

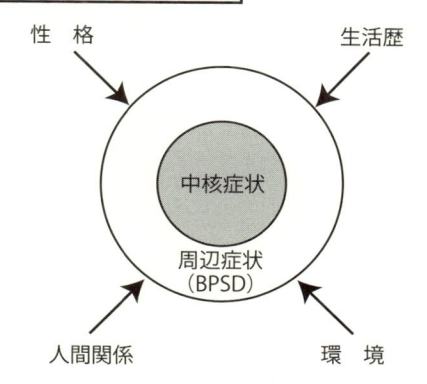

```
        性　格           生活歴
           ↓              ↓
         ┌─────────────────┐
         │    中核症状     │
         │   周辺症状      │
         │   （BPSD）      │
         └─────────────────┘
           ↑              ↑
        人間関係          環　境
```

中核症状・・・脳の細胞が壊れることによって直接起こる症状。記憶障害、見当識障害、理解・判断力の低下、実行機能の低下などで、現実を正しく理解できなくなる。

周辺症状・・・抑うつや妄想などの心理症状や日常生活への適応を困難にする行動上の変化。元来の性格、素質、生活歴、職歴、環境、心理状態、人間関係などの要因が絡み合っている。「抑うつとうつ病は違いますよ」

中核症状

＜記憶障害＞

初期に認められる症状。新しい記憶を覚えられない。

＜見当識障害＞

　見当識とは、現在の年月や時刻、自分がどこにいるかなど基本的な状況を把握することをいい、それらに障害が起こる。

＜理解・判断力の障害＞

ものを考えることに障害が起こる。
（1）考えるスピードが遅くなる。
（2）2つ以上のことが重なるとうまく処理できなくなる。
（3）些細な変化、いつもと違う出来事で混乱を来たしやすくなる。
（4）観念的な事柄と、現実的、具体的なことがらが結びつかなくなる。

講師用

＜実行機能障害＞
計画を立て調整し、実際に行うことができなくなる。

＜感情表現の変化＞
記憶障害や、見当識障害、理解・判断の障害のため、周囲からの刺激や情報に対して正しい解釈ができなくなっているため、まわりの人が予測しない喜怒哀楽の反応、感情の不安定、自発的行動の低下がある。

※具体的な事例や利用者を当てはめるなどして、イメージがつきやすいように説明する。

周辺症状（BPSD）

行動症状	心理症状
暴力・暴言・徘徊・不潔行為（弄便）・拒絶・異食・攻撃・収集など	抑うつ・不安・幻覚・妄想・睡眠障害・興奮・人格変化など

周辺症状の悪化要因は、認知症による脳組織の変化（疾患の進行）や、体調不調、人間関係や介護環境の変化、薬剤、寝たきりや閉じこもりで他者との交流の機会が少ないなどが考えられる。

3．まとめ

☆介護職として中核症状と周辺症状は理解しておく。
☆それらをケアに結びつけていくことが大切。
※「疾患別理解」「基本的対応・スキルアップ」と継続していくことをアナウンスする。

受講日	名前	講師名

認知症ケア②疾患別理解

１．前回の振り返り

・認知症とは

....

....

・中核症状と周辺症状（ＢＰＳＤ）

....

....

２．認知症の疾患別理解

＜ワーク＞「あなたが知っている認知症に関する疾患名を挙げてください」

３．アルツハイマー型認知症と脳血管性認知症

	アルツハイマー型認知症	脳血管性認知症
原因	脳の神経細胞が病的に減少や委縮し、そのために起こる認知症。その原因は明確ではない。	脳の血管が破れたり詰まったりすることによって、脳の働きが悪くなり、そのために起こる認知症。
進行	ゆるやかに悪化する。	脳卒中の発作ごとに段階的に悪化する。
特徴	初期症状がもの忘れとして現れることが多い。長期記憶は比較的保たれるが、短期記憶は忘れ、次第に過去の記憶も失っていく。記憶力低下、判断力低下、見当識障害で、生活に支障をきたすようになる。	障害された部位により、能力の低下はまだら状である。人格や判断力は保たれていることが多い。めまい、しびれ、言語障害、意欲の低下、感情失禁がみられることがある。日内変動がある。

レビー小体型認知症、ピック病、若年性アルツハイマー型認知症などがある。

4．まとめ

認知症ケア

講師用

認知症ケア② 疾患別理解

1．前回の振り返り
・認知症とは

※ 数名を当て、前回を想起させる。

・中核症状と周辺症状（BPSD）

「具体的にどのような症状がありましたか？」

2．認知症の疾患別理解
＜ワーク＞「あなたが知っている認知症に関する疾患名を挙げてください」

> 例：アルツハイマー型認知症　　脳血管性認知症
> 　レビー小体型認知症　前頭側頭型認知症（ピック病）
> 　若年性アルツハイマー型認知症　　　など。

「一言に認知症といっても、種類に分かれています。たとえば、皮膚病で考えてみます。白癬とアトピーは同じ皮膚科の疾患ですが、違う種類だということはわかります。
　痒い、かきむしると後が大変など、共通することはありますが、薬剤はじめ、白癬には白癬のケアを、アトピーにはアトピーのケアが必要です。今日は種類別の特徴を勉強します」

「さあ、疾患名を書けた人、具体的に説明ができますか？確認していきましょう」
「様々な種類がありますが、代表的なものを取り上げますね」

講師用

3．アルツハイマー型認知症と脳血管性認知症

	アルツハイマー型認知症	脳血管性認知症
原　因	脳の神経細胞が病的に減少や委縮し、そのために起こる認知症。その原因は明確ではない。	脳の血管が破れたり詰まったりすることによって、脳の働きが悪くなり、そのために起こる認知症。
進　行	ゆるやかに悪化する。	脳卒中の発作ごとに段階的に悪化する。
特　徴	もの忘れとして初期症状が現れることが多い。長期記憶は比較的保たれるが、短期記憶は忘れ、次第に過去の記憶も失っていく。記憶力低下、判断力低下、見当識障害で、生活に支障をきたすようになる。	障害された部位により、能力の低下はまだら状である。人格や判断力は保たれていることが多い。めまい、しびれ、言語障害、意欲の低下、感情失禁がみられることがある。日内変動がある。

レビー小体型認知症、ピック病、若年性アルツハイマー型認知症などがある。

「脳血管性認知症は脳卒中の再発防止のため、生活習慣病に注意しましょう」
※一度に多くの疾患を説明すると、混乱するので、別の機会や紹介程度で他を説明する。

4．まとめ
☆認知症は骨折や麻痺と違い、目に見えづらい脳の病気である。
☆介護職が疾患を正しく理解することは職務である。

※前回の「医学的理解」と今回の「疾患別理解」を踏まえて、次回の「基本的対応とスキルアップ」と継続していくことをアナウンスする。

受講日	名前	講師名

認知症ケア③基本的対応とスキルアップ

１．振り返り（①と②）

２．＜グループワーク＞

　認知症の井上さんは、一日に数回、「犬がいなくなったの」とスタッフに声をかけられます。しかし、愛犬は10年以上前に亡くなっています。さて、あなたはどのように対応しますか？
※他の条件は自由に設定してください。

３．認知症ケアの原則
　① 今を大切にする。

　② 受容する（肯定する）

　③ 馴染みの関係を大事にする。

4．個別ケアの重要性

....
....
....
....

疾患の理解 → パーソンセンタードケア → 傾聴

5．認知症ケアのスキルアップ①

> なぜ、山田さんは放尿するのでしょうか？

◇個人の要因
　適切な方法がわからない・着脱がうまくできない・トイレの場所がわからない・我慢できないなど。

◇環境の要因
　スタッフの言い方が悪い・着脱しづらい衣類・トイレの表示がわかりづらい・トイレの場所が本人の部屋（座席）から遠いなど。

6．認知症ケアのスキルアップ②

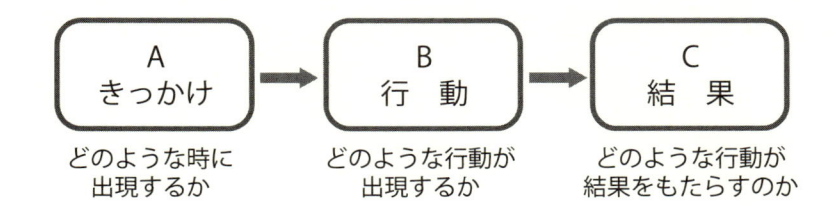

```
┌─────────┐     ┌─────────┐     ┌─────────┐
│    A    │     │    B    │     │    C    │
│ きっかけ │ ──▶ │  行 動  │ ──▶ │  結 果  │
└─────────┘     └─────────┘     └─────────┘
 どのような時に    どのような行動が   どのような行動が
   出現するか      出現するか     結果をもたらすのか
```

たとえば、A＝不眠　B＝イライラ感　C＝他者とのトラブル（人間関係悪化）
行動パターンをつかむと、Cを予防・回避できる。

逆の発想で対応できることで、
A＝良眠　B＝気分良好　C＝他者とコミュニケーション良好（人間関係構築）
山田さんは心穏やかにいられる。

7．まとめ

講師用

認知症ケア③基本的対応とスキルアップ

1. 振り返り（①と②）

「今日は認知症の3回目になります。日頃のケアで変わったことや新しい疑問はありませんか？」

※ 学んだことが、現場で活用できているかも振り返らせる。

※ ①と②から再確認しておきたい事項をピックアップする。

2. ＜グループワーク＞

認知症の井上さんは、一日に数回、「犬がいなくなったの」とスタッフに声をかけられます。しかし、愛犬は10年以上前に亡くなっています。さて、あなたはどのように対応しますか？

※ 他の条件は自由に設定してください。

※ 犬が生きていることを伝えるグループ、伝えないグループ、他のことに話題をすり替えるグループなど、様々な発表が想定される。

☆「犬がいなくなったんですね」「心配ですね」など、受容の姿勢で傾聴する。

☆犬がいる前提で話をする場合、「嘘をつく」と自責するスタッフには、相手を陥れたり欺くための嘘とは別で、方便法と捉えさせる。

☆ここでの重要ポイントは、どのグループも対応としては問題なくても、認知症ケアは統一したケアが基本なので、バラバラではいけないということを教える。

「犬は亡くなりましたよ」「犬は今、息子さんが預かっています」「後で探しにいきましょうね」スタッフによって、返答が違えば、山田さんは混乱する。

3. 認知症ケアの原則

① 今を大切にする。

⇒発言や行動には、理由や原因がある。

⇒感情に寄り添い、働きかける。

② 受容する（肯定する）

⇒微笑む、うなずく、賛成する、感謝する、一緒に喜ぶ、お願いする、頼むなど。

認知症ケア

講師用

「あなたを受けいれていますよ」という表現は言葉以外にもある。
⇒好ましくない働きかけは、叱責する、命令する、禁止する、急がすなど。
　☆説明口調や早口が叱責されているように感じることがある。

③ 馴染みの関係を大事にする。
⇒物（コップ、タオルなど）や場所（座席など）で安心してもらう。
⇒スタッフが馴染みの人になることが一番！！

４．個別ケアの重要性　※①〜③が完結。

「パーソンセンタードケアって聞いたことがありますか？パーソンは人、センタードは真ん中（中心）、つまり、その人を中心にしたケアですね。主語はもちろん、利用者（認知症患者だけではないことを強調）です」

５．認知症ケアのスキルアップ①

> なぜ、山田さんは放尿するのでしょうか？

※個人の要因と環境の要因を消し、ワークにする方法もあります。

◇個人の要因
　適切な方法がわからない・着脱がうまくできない・トイレの場所がわからない・我慢できないなど。
「"認知症だから言ってもわからない"　こんな考え方をしている人に認知症ケアはできませんよ」

◇環境の要因
　スタッフの言い方が悪い・着脱しづらい衣類・トイレの表示がわかりづらい・トイレの場所が本人の部屋（座席）から遠いなど。※山田さん以外の理由に着眼する。
「個人の要因と環境の要因に分けて、解決策や対応法を考えていきます。環境の要因は解決策を持ちやすいですね」

講師用

例：スタッフの言い方が悪い→わかりやすいように説明する。丁寧にゆっくり話しかける。
　　着脱しづらい衣類→着脱しやすい衣類に交換する。
　　トイレの表示がわかりづらい→貼り紙などでわかりやすい表示にする。
　　トイレの場所が本人の部屋（座席）から遠い→トイレが近い部屋（座席）に変更する。

6．認知症ケアのスキルアップ②　ＡＢＣ理論を活用する。

「さらに、スキルアップを目指しますよ」

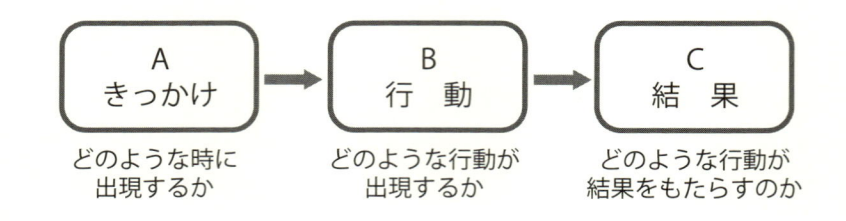

```
┌─────────┐    ┌─────────┐    ┌─────────┐
│   Ａ    │ →  │   Ｂ    │ →  │   Ｃ    │
│ きっかけ │    │  行 動  │    │  結 果  │
└─────────┘    └─────────┘    └─────────┘
 どのような時に   どのような行動が   どのような行動が
 出現するか      出現するか      結果をもたらすのか
```

たとえば、Ａ＝不眠　Ｂ＝イライラ感　Ｃ＝他者とのトラブル（人間関係悪化）
行動パターンをつかむと、Ｃを予防・回避できる。
⇒Ｃ（結果）が出てから、対処対応するのではなく、
⇒Ｂ（行動）でＣ（結果）を想定して先回りケアを行うことで、最小限の事態になる。
⇒Ｂ（行動）のＡ（きっかけ）を把握することで、更に、先回りケアができる。
☆ひいては、Ａ（きっかけ）を作らないように、24時間の生活サイクルで、考えることができるようになる。
逆の発想で対応できることで、
　Ａ＝良眠　Ｂ＝気分良好　Ｃ＝他者とコミュニケーション良好（人間関係構築）
山田さんは心穏やかにいられる。

7．まとめ

「認知症は、脳の中で起きている目に見えづらい疾患です。介護職が医学的知識と理解を持ち、個別ケアを実施することで、時に、進行を緩やかにすることもあります。本人の不安を和らげ、自分らしくいていただけるように、日々、私たちも学んでいきましょう」

13 介護職にまかせて!! 褥瘡の予防

看護と介護で安心のトータルケア

「家にいる時は褥瘡とは無縁だったのに、入所してから、褥瘡を繰り返すようになったんです」

こんな言葉を家族から聞きたくありませんね。また、言わせてはいけません。

褥瘡は時に痛みを伴い、意欲や生活に影響しています。また、免疫力が低下していると、治癒まで長期間を有したり、感染症にかかり、他の疾患を引き起こすなど、リスクも高まります。

日常に関わる介護職だからこそできる褥瘡の予防を実践していきましょう。

参考資料

褥瘡は、接触する部分の皮膚が圧迫されることで皮膚の血流が悪くなり、皮膚や皮下組織が死んでしまった状態をいう。形や大きさ、深さは状態によって様々である。床ずれともいう。

■急性期（発生後1〜3週間）
皮膚の赤み・水ぶくれ
※深さを見分けることはむずかしい。

↓

■慢性期
深くなるほど、治癒期間も長くなり、感染に対する抵抗力も低下する。

〈褥瘡ができる要因〉
① 自分で姿勢が保持できず、皮膚組織のずれや摩擦で皮膚が弱くなっている。
② 排せつなどで皮膚が湿っていたり、汚染された状態が続いている。

③ 皮膚が乾燥し、刺激に弱くなっている。
④ 食事が十分とれておらず、栄養状態が悪い。
⑤ 糖尿病や骨粗鬆症などの持病がある。
⑥ 痩せている（皮下脂肪の減少）

〈褥瘡ができやすい場所〉

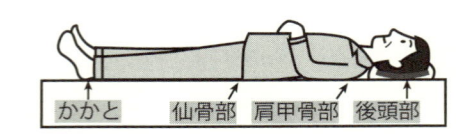

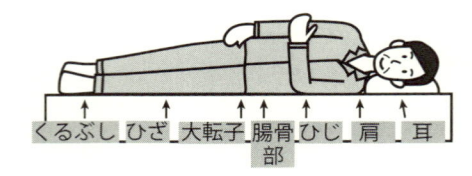

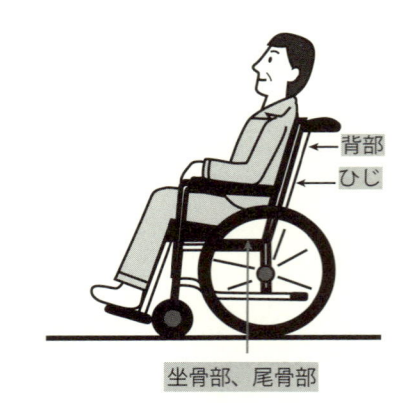

かかと　仙骨部　肩甲骨部　後頭部

くるぶし　ひざ　大転子　腸骨部　ひじ　肩　耳

背部
ひじ
坐骨部、尾骨部

〈ケアの考え方〉

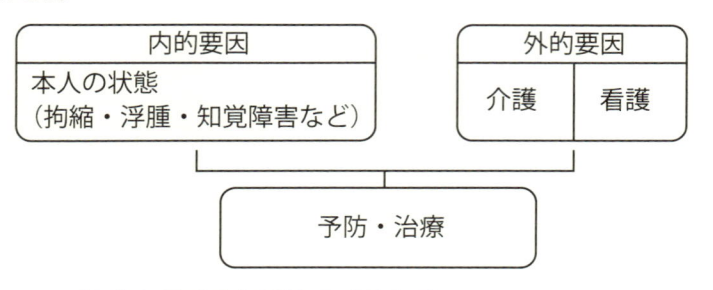

内的要因	外的要因
本人の状態 （拘縮・浮腫・知覚障害など）	介護　看護

↓
予防・治療

治療を早めるか悪化させるかは
　介護職の日々の細やかなケアにかかっています。

受講日	名前	講師名

介護職ができる褥瘡の予防とケア

1．褥瘡とは？

接触する部分の皮膚が圧迫されることで皮膚の血流が悪くなり、皮膚や皮下組織が死んでしまった状態をいう。形や大きさ、深さは状態によって様々である。床ずれともいう。

2．＜グループワーク＞

介護職ができる安田さんに対するケア、及び指導（情報提供）を、具体的に考えましょう。

　安田和夫さん、男性、87歳。10年前に脳梗塞を発症し、3年前に再発する。
　現在、右上下肢麻痺。2年前から筋力低下及び意欲低下があり、ほぼ寝たきりの状態である。主たる介護者である妻は高齢で、娘もパートタイムで働いていることから、便意はあるが、介護負担のため、オムツを着用している。仙骨部に発赤がある。（来週受診予定）

3．褥瘡の予防

①

②

③

4．まとめ
・早期発見は介護職の役割です。
・思いやりの気持ちで、予防的ケアを実践しましょう。

介護職にまかせて!! 褥瘡の予防

講師用

介護職ができる褥瘡の予防とケア

1. 褥瘡とは？
接触する部分の皮膚が圧迫されることで皮膚の血流が悪くなり、皮膚や皮下組織が死んでしまった状態をいう。形や大きさ、深さは状態によって様々である。床ずれともいう。
「実際に褥瘡がある方のケアに関わったことがありますか？」

2. ＜グループワーク＞
介護職ができる安田さんに対するケア、及び指導（情報提供）を、具体的に考えましょう。

> 安田和夫さん、男性、87歳。10年前に脳梗塞を発症し、3年前に再発する。
> 現在、右上下肢麻痺。2年前から筋力低下及び意欲低下があり、ほぼ寝たきりの状態である。主たる介護者である妻は高齢で、娘もパートタイムで働いていることから、便意はあるが、介護負担のため、オムツを着用している。仙骨部に発赤がある。（来週受診予定）

「発赤ということは、初期ですよね？悪化させるかさせないか、介護職は、大きな役割を担っています。介護職にできることはなんでしょうか？」
例：体位変換・排せつ時の清潔に注意する。できればトイレでの排せつ　など。

3. 褥瘡の予防
① 定期的な体位変換
⇒皮膚にかかる力を分散させる。
⇒ベッド上で過ごすときはファーラー位（30度）がずり落ちの負担を少なくする。
⇒下着やパジャマ、オムツのテープ、寝具にも配慮する。
⇒車椅子などの座位で過ごす場合も体位変換を定期的に行う。

講師用

② 栄養管理
⇒食事が偏らないように、タンパク質、ミネラル、ビタミンをバランスよく摂取する。
⇒体重に応じた水分を摂取する。

③ 清潔保持（肌への配慮）
⇒排せつ物が長い時間、付いたままにしない。
⇒入浴時、清拭時など、強くこすらない。石鹸をしっかり落とす。
⇒汗に配慮し、室温、湿度を調整する。（乾燥には注意）
⇒肌を傷つけないように爪を切る。

☆⇒を実践と結び付けるように考えさせる。

4．まとめ

・早期発見は介護職の役割です。
「治療は医療・看護ですよ」
⇒日頃の皮膚状態の観察で最小限に努めることができる。（発赤などを見逃さない）
⇒患部に痛みがあったり、まわりが腫れていたり、熱をもっている時、悪臭や滲出液、膿が出ている時、全身倦怠感や意識が朦朧としていたり、食欲が低下した時は医師や看護師に、すぐに連絡する。

・思いやりの気持ちで、予防的ケアを実践しましょう。
「オムツのズレ、陰洗、食事管理など、手を抜かず、誠意あるケアで疾患を防ぎましょう」

執筆者

株式会社 ケア・ビューティフル　代表取締役　山本　陽子

　人財マネジメント、業務改善などのアドバイザー及び介護職の養成、レベルや役職に応じた社内研修、家族対象の一般講座など、活躍は多岐にわたる。産業カウンセラーとして、介護職のストレスマネジメントに特化したメンタルヘルス研修やカウンセリングも行っている。また、介護を伝える小説『さいはてたい』（文芸社）は平成23年「あの海を忘れない」というタイトルでテレビ朝日系列全国放送ドラマ化された。同じく教材として、「ゴーゴーかいご DE かるた」を自社制作・販売中。平成24年〜、杉浦地域医療振興財団の選考委員を務めている。

主な書籍・制作

『介護スタッフをやめさせない本〜"気づき"と"やる気"を引き出す研修マニュアル』（電気書院）
『ケアスタッフの言葉かけ接遇会話集』（共著・日総研出版）
『実力確認！認知症ケア専門士一次専門士模擬問題集』（共著・久美出版）
『介護福祉士受験対策予想問題360＆超重要ワード解説集』（監修及び執筆・日総研出版）
その他、専門誌に連載、執筆多数。介護福祉士受験対策アプリ（ニッソーネット）作成。

Ⓒ Yôko Yamamoto　2013

やめない介護スタッフを育てる本
"気づき"と"やる気"をさらに引き出す研修マニュアル

2013年9月20日　第1版第1刷発行

著　者　山本　陽子
発行者　田中　久米四郎

発　行　所
株式会社　電気書院
www.denkishoin.co.jp
振替口座　00190-5-18837
〒101-0051
東京都千代田区神田神保町1-3　ミヤタビル2F
電話　（03）5259-9160
FAX　（03）5259-9162

ISBN 978-4-485-30078-7　C3036　㈱シナノ パブリッシング プレス
Printed in Japan

- 万一，落丁・乱丁の際は，送料当社負担にてお取り替えいたします．神田営業所までお送りください．
- 本書の内容に関する質問は，書名を明記の上，編集部宛に書状またはFAX（03-5259-9162）にてお送りください．本書で紹介している内容についての質問のみお受けさせていただきます．また，電話での質問はお受けできませんので，あらかじめご了承ください．

JCOPY 〈㈳出版者著作権管理機構 委託出版物〉

本書の無断複写（電子化含む）は著作権法上での例外を除き禁じられています．複写される場合は，そのつど事前に，㈳出版者著作権管理機構（電話：03-3513-6969，FAX：03-3513-6979，e-mail：info@jcopy.or.jp）の許諾を得てください．
また本書を代行業者等の第三者に依頼してスキャンやデジタル化することは，たとえ個人や家庭内での利用であっても一切認められません．